Umschlag und Gestaltung und Vig.: Barbara Globig
Umschlagfoto: Gerald Große
Fotonachweis: S. 189
Karten: Agentur Siegemund
Satz und Lithografie: Agentur Siegemund
Belichtung: MSP Satz + Grafik GmbH, Berlin
Druck: Grafische Werkstatt von 1980 GmbH, Kassel

Printed in Germany
EP 537
ISBN 3-88520-537-8

ELEFANTEN PRESS
Am Treptower Park 28–30
12435 Berlin

Die Deutsche Bibliothek – CIP-Einheitsaufnahme

Elsner, Petra:
Labyrinth Spreewald : Leitfaden für Entdeckungstouren /
Petra Elsner. – Berlin : Elefanten Press, 1995
(EP ; 537)
ISBN 3-88520-537-8
NE: GT

Petra Elsner

Labyrinth Spreewald

Entdeckungstouren

ELEFANTEN PRESS

INHALT

Das Land im Spreedelta

Lange Zeit blieb das Labyrinth der Spreefließe zwischen Burg und Schlepzig nur ein Geheimtip unter Insidern. Maler, Dichter, Filmemacher besuchten es. Das Venedig der Wenden entdeckten naturbegierige Reisende eigentlich erst nach dem Bau der Bahnlinie Berlin – Cottbus – Görlitz so richtig. Um die Jahrhundertwende also. Seither sprach es sich herum: Der Spreewald ist gut für Gruppenausflüge. Heutzutage war wohl schon jeder einmal »kollektiv« als Ferienkind, als Betriebs- oder Herrentagsausflügler an diesem lauschigen Ort. Ja, die Kahnfahrten – man erinnert sich vage und fragt sich, was eigentlich noch geheimnisumwittert an diesem Ausflugstip sein soll.

Die sattsame Stille. Die ruhespendende Kraft der Natur. Die aber erfährt man/frau nur auf einer individuellen (Wieder-) Entdeckungsreise, und auf diesen Pfad will Sie dieses Bändchen schicken.

Ganz unvermutet öffnet sich 80 bis 100 Kilometer südöstlich Berlins, jenseits von Autobahn und Bahnlinie, urplötzlich das gleichförmig anmutende Acker- und Wiesenland zwischen Mark und Lausitz und gibt einen verborgenen Schatz preis: eine Faszination aus urwüchsigen Wäldern und stillen Fließen mit hohen Blätterdomen darüber, die verwirrende Lichtspiele herbeizaubern, aus Wiesen, Seen, Inseln und reetgedeckten Blockhäusern in Lagunendörfern.

Der Spreewald ist Teil der Lausitz, genauer der Niederlausitz. Anno 948 wurde dieses Land »provintia Lusici«, Land der Lusizer genannt. Der Name dieses slawischen Stammes, der als Wenden oder Sorben bekannt ist, leitet sich von dem altsorbischen »Luza« her, was soviel bedeutet wie Sumpf, Moor, Sumpfland. Die Lausitz war nach der Eroberung durch die Deutschen um das Jahr 1000 nie ein zusammenhängendes politisches Gebilde, sondern zerteilt und beherrscht von Meißner und Brandenburger Markgrafen, Kursachsen und Böhmen, später von Preußen und Sachsen.

Etwa 100 000 Sorben leben heute noch in der Lausitz, davon ca. 40 000 im Deltagebiet der Spree, das in der Neuzeit zum Land Brandenburg gehört.

Die Welt dieses Auen- und Niederungsgebietes, wie es in Europa kein zweites Mal existiert, bietet beschaulichen Naturgenuß. Übersieht der Besucher tolerant den etwas merkwürdigen Ostcharme jüngerer Siedelei, kann er sich auf eine romantische wie geschichtsträchtige Reise in die Lebensräume und das wohlbehütete Brauchtum der gastfreundlichen Sorben freuen.

Der Dreh und Angelpunkt zwischen Ober- und Unterspreewald ist Lübben.

Erreichbar mit der Bahn: von Berlin (etwa stündlich von Lichtenberg oder Königs Wusterhausen in Richtung Görlitz/Cottbus). Fahrzeit zwischen 40 und 60 Minuten. Fahrräder sind problemlos mitführbar.

Mit dem Auto: Autobahn A 13 Dresden/Cottbus, vom Berliner wie Dresdner Stadtrand aus eine Stunde Fahrzeit.

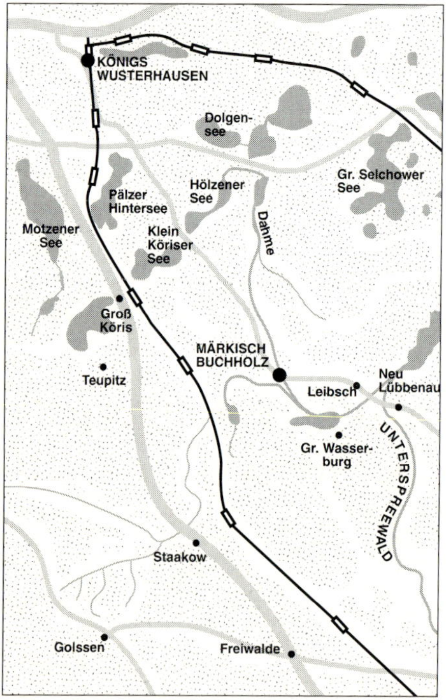

Tip Nr. 1
Der stauerprobte Autofahrer wählt die landschaftlich reizvollste Fahrt: über Königs Wusterhausen, Märkisch Buchholz (B 179) bis zum Einstieg in den Unterspreewald bei Leibsch und Groß-Wasserburg.

Zwischen Eiszeit und Eisenbahn

TOUR 1

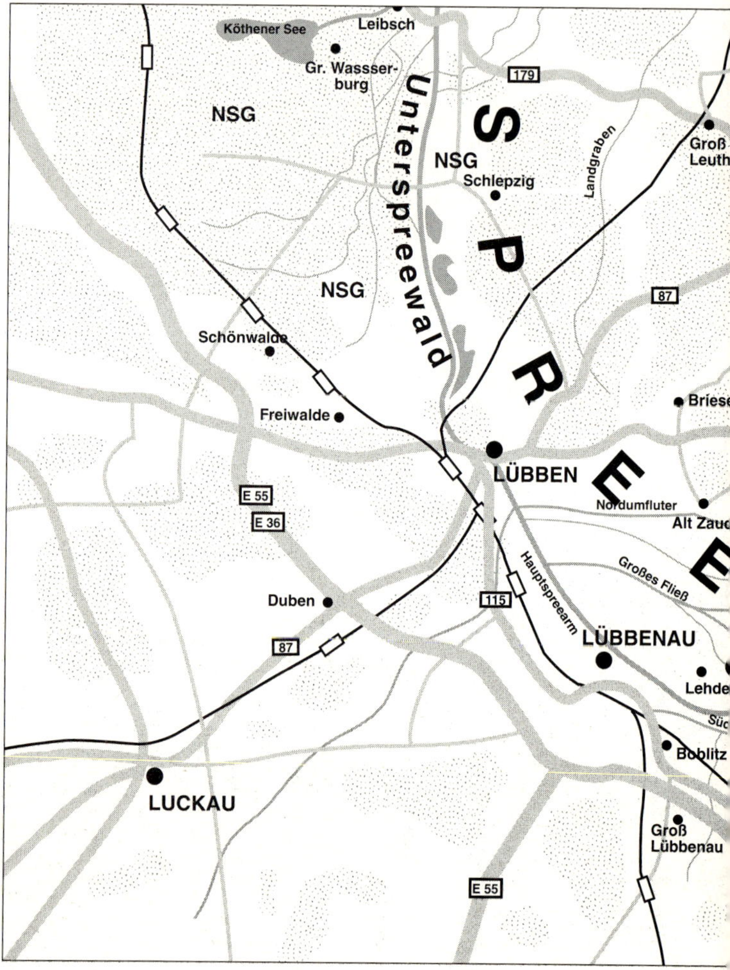

Köthener See
Leibsch
Gr. Wassser-
burg
NSG
Unterspreewald
179
SPREE
NSG
Schlepzig
Landgraben
Groß
Leuth
NSG
87
Schönwalde
Freiwalde
Briese
LÜBBEN
E 55
Nordumfluter
E 36
Alt Zauc
Hauptspreearm
Großes Fließ
Duben
115
87
LÜBBENAU
Lehde
Boblitz
LUCKAU
Groß
Lübbenau
E 55

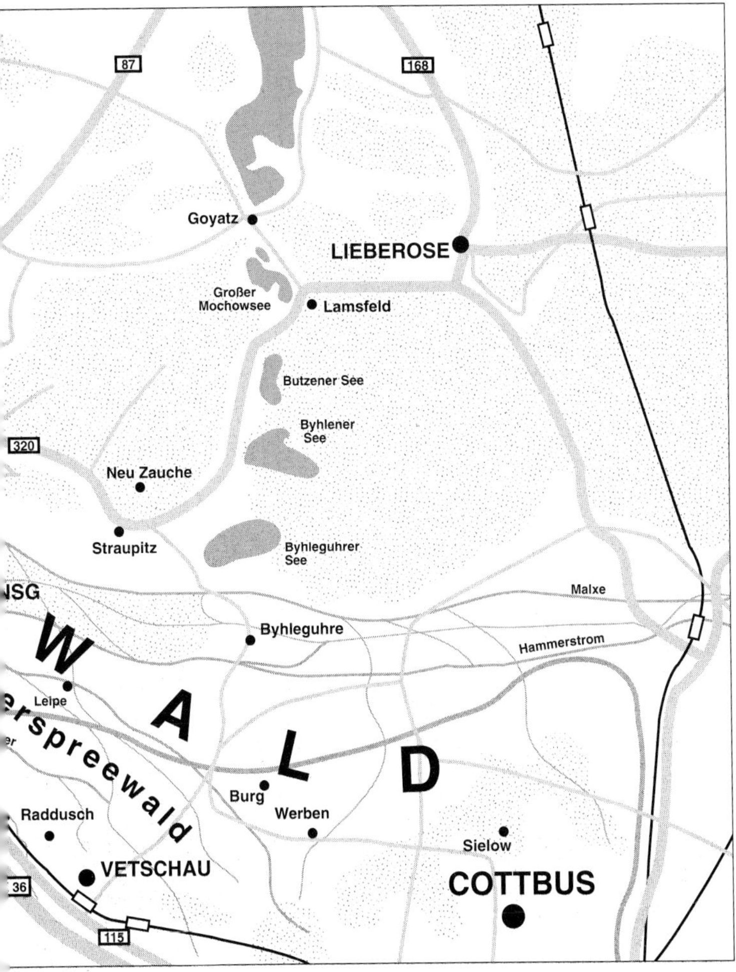
87
168
Goyatz
LIEBEROSE
Großer
Mochowsee
Lamsfeld
Butzener See
Byhlener
See
320
Neu Zauche
Straupitz
Byhleguhrer
See
NSG
Malxe
Byhleguhre
Hammerstrom
W
A
L
D
Leipe
erspreewald
Burg
Werben
Raddusch
Sielow
VETSCHAU
COTTBUS
36
115

Den letzten gigantischen Krach an diesem geruhsamen Erdenort wird fraglos der Urstrom veranstaltet haben. Es muß ein höllisches Tösen und Knirschen gewesen sein. Denn hier, im Gebiet des heutigen Oberspreewaldes (zwischen Peitz und Lübben), wusch er ein wannenförmiges Tal aus und füllte mitgeschwemmte Sande in das Becken. Die höchsten Aufwürfe ragen noch heute als Inseln und zungenförmige Sanddünen aus einem romantischen Wasserlabyrinth.

Im Unterspreewald (von Lübben bis Groß Wasserburg und Leibsch) brach der Strom in ein altes Gletscherzungenbecken durch und speiste es ebenfalls mit Sanden. Der Urstrom versiegte, ihm folgte die Spree. Aber im Norden blockierten Dünen den Stromlauf. Die Spree knickte gen Osten zum Schwielochsee ab. Alsdann aber führten besagter Knick und eine Flußenge bei Lübben zum Stau. Die Spree wartete und grub sich nicht tief ein, sondern folgte vielarmig und flach dem geringen Landschaftsgefälle in die Weite des Tales. So entstand diese einmalige Auen- oder auch Niederungslandschaft. Nahezu 300 Verästelungen der Spree und ihres Nebenflüßchens Malxe fügten sich zu Fließen, Kanälen und Seen. Begrenzt werden Ober- und Unterspreewald durch Endmoränenzüge, die im Norden als Krausnicker Berge auf 144 Meter ansteigen.

Nach dem monumentalen Wirbel im Urwald ward wassersatte Stille.

Kahnschuppen am »Waldschlößchen« in Burg-Kauper

Anfänglich dominierten hier Kiefern, durchsetzt von Birken und Weiden. Mit der Erwärmung nach der letzten Eiszeit wurzelten auch Eichen, Linden, Ulmen. Erlen breiteten sich in den Niederungen aus. Zuletzt erst Hain- und Rotbuche.

Die ersten Siedler trafen fraglos auf einen undurchläßlichen Urwald. Spät kamen die Menschen, zu unwegsam war das Land. Erste zivilisatorische Zeugnisse stammen aus dem Jungsteinzeitalter. Aus den frühen Anfängen der Eisenzeit stammt der Schloßberg von Burg. Im 6. bis 8. Jahrhundert ließen sich am Urwaldrand und auf einigen Sandinseln Fischer und Bauern nieder. Es waren Westslawen vom Stamme der Lusizer. Das eigentliche Niederungsgebiet im Inneren aber besiedelten die Menschen erst in der zweiten Hälfte des 18. Jahrhunderts.

Eine Pein müssen schon damals respektable Mückenschwärme und anderes stechwütiges Getier gewesen sein. Bei einer Fahrt in den überkommenen Naturreichtum empfiehlt es sich, sich diesbezüglich einschlägig zu präparieren, sonst bleibt nur das Mittel, auf das schon der romantische Dichter Achim von Arnim als Selbsthilfe stieß. In seinen Reisebriefen von 1817 an Frau Bettina schrieb er: Es waren *»... meist Weiber, die tapfer schmauchten um die schreckliche Fliege Cuntra von sich abzuhalten, von deren Kühnheit im Angriff niemand einen Begriff hat, der nicht im Spreewald gewesen ist ...«*

Aber das sollte Sie nicht schrecken. Bis in die Jetztzeit können Sie auf 75 Kilometer Länge und 16 Kilometer Breite unweit der Großstadt Berlin die ruhespendende Kraft einer naturbelassenen Vegetation genießen und auf Men-

Schlangengiebel – ein Paar Wassernattern als Schutzgeister

schen treffen, die seit Generationen die kleinen Anhöhen, die Kaupen (oder »Kupa«, wie im Niedersorbischen »kleine Erhöhungen« heißen) im Auenwald besiedeln und mit der Natur noch in Einklang leben.

Wer also Besinnung sucht, der ist hier richtig, kann wandernd, radfahrend, paddelnd in das Wechselspiel sattgrüner Wiesen, baumgesäumter Fließe, dichter Laubwälder und schattiger Kanäle eintauchen oder sich von Fährleuten staken lassen.

Der Spreewald ist sich nirgends gleich: Im oberen Teil ist er von drei Stromsystemen geprägt. Südlich die Fließe Leineweber, Radduscher, Grobla und Gorraschoa; nördlich das Flüßchen Malxe, der Hammerstrom und die Mutnitza und mittendrin die Hauptspree. Die inneren Wasserläufe des Gebietes sind durch Gräben von menschlicher Hand verbunden.

Wesentlich wasserreicher, doch beengt in der eiszeitlichen Rinne, ist der Unterspreewald. Unzählige Hochwasser verursachten flachgründige Moore beiderseits der Spree. In den morastigen Grund rammten die Spreewälder Pfähle und Feldsteine und befestigten so den Boden unter ihren schilfbedeckten Rundstamm- oder Blockhäusern.

Weit über den First ihrer Satteldächer ragen schlichte hölzerne Giebelblenden mit einem immer wiederkehrenden Fabelwesen der sorbischen Sagenwelt: den Wassernattern. Die Alten erzählen noch, ein Paar als Schutzgeister gehörte vor langer, langer Zeit in jedes Haus. Doch zu zweit sah man die Nattern nur, wenn der Tod Gast im Hause war.

Saison der reißenden Wasser

Die Spreewälder könnten auch als das Völkchen der Wasserbändiger gelten. Ihr unstetes Land mit launischer Lebensader wurde bis zum Bau eines großen Speicherbeckens in der Oberlausitz nach dem Zweiten Weltkrieg immer wieder von reißenden Fluten heimgesucht. Überschwemmungen im Spreewald sind seit 1312 urkundlich erwähnt.

Paul Fahlisch (1844 – 1930), ein Lübbenauer Lehrer, notierte in der Stadtchronik: »*Zwischen 1312 – 1315 verdarb das Wasser der Spree alle Feldfrüchte. Die hungernden Menschen wurden zu reißenden Tieren. Sie nährten sich vom Fleisch ihrer Blutsverwandten und schreckten nicht zurück, die Leichname der Missetäter am Hochgericht zu verspeisen.*«

Auswüchse der Not. Immer wieder ruinierten Hochwasser die Spreewälder. Allein von 1897 bis 1933 ereigneten sich 124 Hochwasser, elf dieser Jahre gingen als Katastrophenjahre in die Geschichte ein.

Verfahren, verfangen, verlandet…

Schon vor 200 Jahren legten die Bewohner dieser Wasserwelt zahlreiche Kanäle und Verbindungsfließe zum Selbstschutz an. Im letzten Jahrhundert existierte bereits ein 1 500 Kilometer langes Grabensystem. Zum Jahrhundertbeginn wurden der Lübbener Umflutkanal und der Dahme-Umflutkanal errichtet. 1926 folgten im Ober- und Unterspreewald Staugürtel, die teilweise mit Kahnschleusen verbunden wurden. Aber noch konnten die Hochwasser nicht schnell genug abfließen. 1939/40 hieß es wieder »Land unter«. Erst als zu DDR-Zeiten am Oberlauf der Spree 10 Groß- und Kleinspeicherbecken entstanden waren, änderte sich die Situation. Besonders durch das Bräsincherner Becken nördlich von Spremberg, das 41 Millionen Kubikmeter Stauraum bietet.

Die Wasserregulierung erfolgt heute über mehr als 100 Stauanlagen, die auch in Dürrezeiten den Spreewäldern die Existenz sichern.

Entdeckungsreise per Postkutsche

»Wir fuhren in einer lauen Sommernacht mit der Post nach Lübbenau, dem Hauptort und Eingangspunkt des Spreewaldes, wo wir zeitig morgens ankamen... Bekanntlich besteht der Spreewald aus einem großen mit Wald reich durchsetzten Gebiete, welches die Spree in unzähligen, bald breiten, bald schmalen Armen durchzieht... Wo einzelne Pfade die Wasserstraßen kreuzen, führt ein Steg über die Kanäle, der stets so hoch liegt, daß der, ähnlich dem Venezianischen Gondolieri, aufrecht stehende Fährmann, der mit der Stange den Kahn lenkt, darunter durchfahren kann... Zwischen diesen Wasserarmen, wie auf kleinen Inseln, liegen die hölzernen

Bauernhäuser, ganz in Grün eingebettet, jedes für sich … Es herrscht stille Poesie, ein tiefes, fast märchenhaftes Schweigen in diesen lauschigen Gründen.«

Fontanes postalische Reiseschilderung an Emilie stammt vom 20. September 1859. In jenem Sommer fanden sich vier befreundete Männer – der Literaturhistoriker Otto Roquette, der Schriftsteller und Provinzialschulrat Karl Bormann, der Kunsthistoriker Wilhelm Lübke und Theodor Fontane – zusammen, um den noch weithin unbekannten Spreewald zu entdecken. Nicht unmaßgeblich weckten in diesem Jahr Fontanes vier Reiseberichte in der Preußischen (Adler-) Zeitung die touristische Neugier auf dieses urwüchsige Land. Heute gehören die vier Spreewaldkapitel zu seinen berühmt gewordenen Reisebeschreibungen »Wanderungen durch die Mark Brandenburg«.

Vier Stunden brauchte die Postkutsche von Lübbenau nach Berlin zu Fontanes Zeiten

Die Spreewaldguste

In Lübbenau, zwischen Kanzlei und Schloß, befindet sich in einem Hallenbau ein kleines technisches Museum. Hier ist die ehemalige Spreewaldbahn – die einzige erhalten gebliebene Schmalspurlokomotive und ein Pack- und Personenwagen von 1897 – zu besichtigen. Lange wurde dieser Regionalbahn, der »Spreewald- oder Bimmelguste« nachgetrauert. Denn 1970 wurde sie ausrangiert und die Region nicht nur um eine Touristenattraktion ärmer.

1866/67 waren Lübben und Lübbenau zu Bahnstationen geworden. Die Strecke Berlin – Cottbus – Görlitz war Werk des Eisenbahn- und Spekulantenkönigs Bertel Henry Strousberg. Aber erst der Bau der Lübben-Cottbuser Kreisbahn, der Bimmelguste, verschaffte den Spreewäldern den eigentlichen Zugang zur Welt. Man bedenke: es gab bis um die Jahrhundertwende dort keinerlei Straßen. Alles und jedes wurde auf dem Wasserweg befördert. 1898/99 wurde besagte Schmalspurbahn erbaut. Ihre Strecke verlief von Lübben über Straupitz, Byhlen bis Lieberose. Eine zweite Strecke kam von Cottbus über Burg nach Byhlen, nutzte dann die erste Strecke bis Straupitz und endete in Goyatz. Die wirtschaftliche Situation erfuhr dadurch einen spürbaren Aufschwung, denn landwirtschaftliche Produkte konnten endlich überregional angeboten werden, und kleine Industriezweige siedelten sich nun an. Dachziegelfabriken, Schneidemühlen, Molkereien, Häfen wurden gebaut, und schließlich kamen die ersten Touristen. Die bisher völlig verarmten Bauern erlangten allmählich solides Hab und Gut.

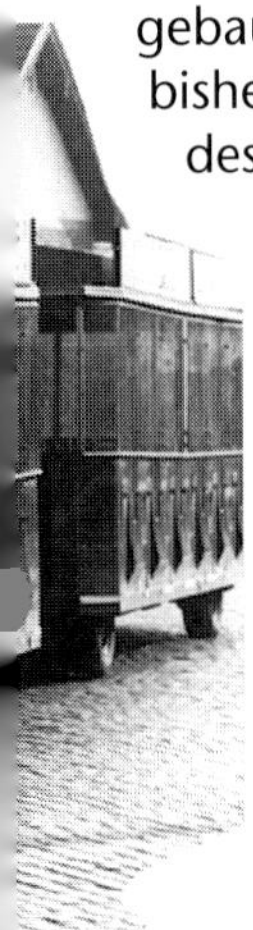

Seit 1993 hat die Spreewaldguste eine Nachfolgerin – die Rumpelguste. Das straßenmobile Eisenroß klappert in einer Stunde auf einer Strecke von 15 Kilometern alles Sehenswerte der Umgebung von Burg ab: vom Hotel Bleske zum Hafen, weiter zur Mühle, zum Bismarckturm, vorbei am Badesee, und endet am Bahnhof Burg. Das Burger Gebäude, wo einst die Bimmelguste verschnaufte, wird

Rumpels Rumpelguste rumpelt durch Burg

gegenwärtig als Spreewaldbahnmuseum denkmalgeschützt. Natürlich ist die Rumpelguste eher Touristenattraktion und kein wirklicher Transport-Ersatz, wohl aber für wandermüde Gäste eine beschauliche Alternative. In die Rumpelguste passen 56 Personen. Die Bahn verkehrt nach Fahrplan, sie läßt sich auch für Gruppenfahrten beim Betreiber Richard Rumpel (03 56 03-701 33) oder bei Fahrer Fritz Büttner (03 56 03-803) telefonisch vorbestellen.

Auf den Spuren der Spreewaldguste

Per Fahrrad oder zu Fuß: von Lübben in das Hartmanndorfer Tal, entlang der alten Bahntrasse.

Ein Wegangebot: Berliner Chaussee, Hartmannstraße rechts bis zu deren letzten Häusern, wiederum rechter Hand entlang einem Kiefernwäldchen gerät man auf die ursprüngliche Bahntrasse, einen Sandweg, dem man bis zum Pfaffenberg folgt. Der Berg, ein Dünenhügel (63 Meter über dem Meeresspiegel) ragt 15 Meter aus der Niederung. Links befinden sich vier Fischteiche. Nordwestlich den Damm verlassen. Der Pfad führt rechtsseits am Bahnhof vorbei, an der »Roten Brücke« biegt man zum Hochwasserschutzdamm ab. Der Damm führt nördlich entlang dem Naturschutzgebiet »Biebersdorfer Wiesen« bis Petkampsberg und Schlepzig. In südlicher Richtung gelangt man wieder zu den Teichanlagen. Von dort ostwärts der ursprünglichen Spreewaldbahntrasse bis zur 1898 erbauten Gaststätte »Lehniksberge« folgen. Zurück geht es nun auf der ehemaligen Schmalspurtrasse über zwei Eisenbahnbrücken, folgt dann dem Deich Richtung Süden und gelangt in den Ostteil von Lübben.

Die Sorben im Spreewald

TOUR 2

Das kleinste Slawenvölkchen im Naturreservat

Die Bewohner dieser verwunschenen Wasserwelt sind vornehmlich Sorben oder, was annähernd das gleiche meint: Wenden. Sie prägten mit ihrer Kultur das Land. Ihre klassische Siedlungsstruktur kann man am besten in Burg, auf dem Schloßberg, in Straupitz oder im Freilichtmuseum von Lehde nachvollziehen. Daß das Gebiet zweisprachig ist, dürfte Ihnen spätestens an den Ortsschildern auffallen. So heißt Lübbenau eben auch Lubnjow, Lübben Lubin, Straupitz Tsupz...

Die niedersorbische Sprache war im Mittelalter im ganzen Spreewald gebräuchlich, heute lebt sie nur noch im Osten des Oberspreewaldes und auch nur noch wegen seiner relativen Abgeschiedenheit. Fontane bemerkte schon zu seiner Zeit über einen Gottesdienst in der Nikolai-Kirche: »*Die Predigt, die mehr dem Ideale dient, durfte noch wendisch sein; aber sowie sich's um ausschließlich praktische Dinge zu handeln beginnt... so geht es mit dem Wendschen nicht länger. Der Staat, der bloß mit deutschem Ohre hört und nicht die Zeit hat, in aller Eil auch noch Wendisch zu lernen, tritt mit der nüchternsten Geschäftsmiene dazwischen und verlangt deutsches Aufgebot und deutsche Trauscheine.*«

Der Staat unternahm alles, um das Sorbische als Amts- und Kultursprache auszumerzen. Auf die militärische Unterwerfung um die Jahrtausendwende folgten die wirtschaftliche Verdrängung der sorbischen Bauern und die Zerstörung ihrer geistigen Identität. Die Sprache, so arg-

Erntedankfest im Spreewald

wöhnten die preußischen Regierungen, könne als Mittel dienen, *»gegen die Deutschen sich zu verstocken und zweideutige Gesinnungen zu nähren«*. Deshalb wurde im 18. Jahrhundert per Dekret die deutsche Sprache nicht nur für die Schulen, sondern auch für Verwaltung, Gerichtswesen und Kirche vorgeschrieben. Laut einer amtlichen Erhebung war im Kreis Lübbenau 1848/49 dieses Ziel beinahe erreicht: In 66 von 84 Gemeinden galt Deutsch bereits als Amtssprache.

Vor allem bewahrt sich heute sorbisches Kulturgut in den unzähligen sorbischen Liedern, Geschichten und volkstümlichen Festen, wie dem Zampern zur Fastnacht, der Prozession der Osterreiter, bei denen auch der Gast Zugang zu Sitten und Brauchtum findet.

Nirgends scheint das Frühjahrsgrün so spritzig und saftig wie in dieser fließenden Landschaft. Fisch, Biene und Pferd – die Lebenszeichen der Sorben/Wenden. Über Jahrhunderte versagte man ihnen als »Nicht-Deutsche« handwerkliche Berufe und das Bürgerrecht in den Städten. Das Land besaßen zumeist die Deutschen. So gerieten die Sorben zu einem abgeschiedenen Völkchen in den Sümpfen und an den Ufern der Flußläufe, das sich durch Bienen- und Pferdezucht, Fischfang und Gemüseanbau ernährte.

Schwer war es vor noch nicht allzu langer Zeit, das trockene Land gegen die Naturgewalten zu erhalten. Allenthalben vernichteten, wie schon erwähnt, Hochwasser alle Lebensgrundlagen. Ein Trotz, ein Freudenfest also, die Unwägbarkeit des Winters beinahe überstanden zu

Niedersorbische Festtracht mit Lapa

haben. Den letzten Rest vertreiben die Spreewälder auf ihren Kaupen gerne mit großen Feuern. Das kunstfertige Ostereiermalen hob das kleine Volk im Osten Deutschlands alljährlich ins öffentliche Rampenlicht, während die Prozession der Osterreiter und kultreiches Wasserschöpfen in der DDR-Zeit nicht gerne gesehen wurden. Es hielt sich doch. Heute erlebt das Brauchtum abermals eine Blütezeit.

Der Sommer ist im Spreewald eine pralle Augenweide. Üppige Gemüsegärten lassen ein reiches Erntedankfest und eine unbeschwerte Kirmes im Herbst erwarten. Auf abgeernteten Feldern wird ein Holzbalkentor aufgestellt, in dem ein geschlachteter Hahn hängt. Die jungen Männer treten zum »Hahnreiten«, »Hahnrupfen« an. Es gilt, zu Pferde im Ritt den Hahn zu ergreifen. Doch sind die Feste nicht nur wegen ihrer Aktionen so interessant. Es sind besonders die Festtagstrachten, die sich nur bei den

Frauen erhalten haben. Kunstvolle Plattenstikkereien schmücken Hauben und Kleider, Schürzen, Halstücher, Bänder, Schleifen und Mützen. Charakteristisch für die Tracht der Niedersorben ist die »Lapa«, eine Kopfhaube oder ein gestecktes Tuch.

Typisch Spreewälder Sauertöpfiges wird in den Herbsttagen kreiert. Vor Zeiten noch stiegen die Männer auf eine Leiter, um die frauenhandverlesenen Gürkchen in große Fässer zu schütten. Darin gärten sie bis in die Wintertage und kamen dann mit unnachahmlichem Geschmack auf die Märkte. Es läßt sich denken, daß Salz und Spreewasser als Zutaten hinzukamen. Was noch, bleibt jedoch bis in die heutigen Tage wohlbehütetes, leckeres Geschäftsgeheimnis.

Die Zeit des Erntens ist in dieser Region von besonderer beschaulicher Art. Es bieten sich kurios-seltene Bilder, wenn die Dorfbewohner in ihren mit Heu, Gurken, Kürbissen hochbeladenen Kähnen von den Wiesen und Gärten über die Flußläufe zu ihren Gehöften staken.

Wie eh und je nutzen sie ihre Wasserstraßen, die vor Zeiten noch einziger Transportweg waren. Jede Insel und jedes Flußgehöft hat einen kleinen Hafen. Von hier aus stakte man die Kinder zur Schule, erledigte eine Kahnpartie zur Post...

Es sind kiellose, flache Kähne, die durch das Grundstaken mit cirka vier Meter langen Eschen- oder Eichenholzstangen bewegt werden. Die Stangen heißen hier Rudel. Diese Art von »Binnenschifferei« gibt es ausschließlich im Wald der Spree, wofür neuerdings, seit der deutschen Einheit, die Gondolieri einen Binnenschifferschein brauchen; einen, der aber nur für die Spreefließe gilt.

Der Winter bringt auf dem gefrorenen Wassernetz Schlittschuhläufer in Laune, bis Zampust, das sorbische Fastnachtfest, zum Spektakel lädt. Drei Tage Spiel, Tanz, Gesang und Heischegänge.

Kahnpartie mit Hund

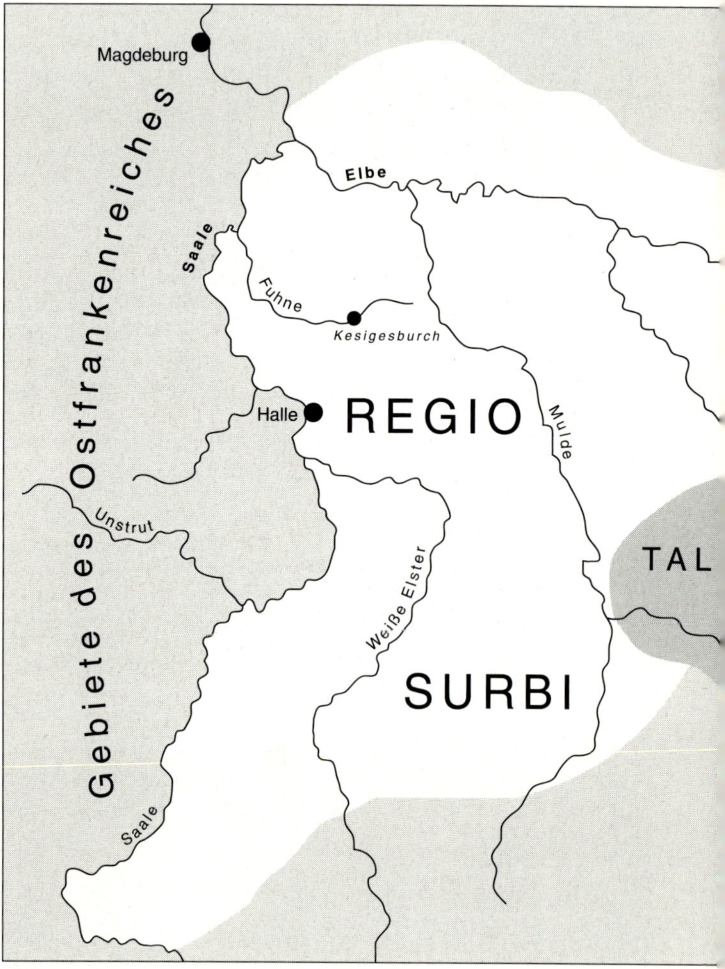

Nach: Geschichte der Sorben, Band I., Domowina Verlag Bautzen 1977

Oder
LUNSIZI
Spree
Lausitzer Neiße
Schwarze Elster
INZI
MILZANE
BESUNZANE
Elbe
Spree

Geschichtliches Blitzlicht

Das Völkchen der Sorben erwähnte 631 erstmalig der fränkische Mönch Fredegar als »surbi«. Die heutigen Sorben bzw. Wenden sind Nachfahren der slawischen Stämme der Milzener und Lusizer, die im 11. Jahrhundert unter deutsche Herrschaft gelangten. Mit einher ging die Christianisierung der Sorben.

Im 13. Jahrhundert beträgt der Anteil der sorbischen Bevölkerung zwischen Saale und Bober/Queis noch 90 Prozent. Die Oberschicht dieses Gebietes rekrutiert sich aus deutschen Markgrafen, Bischöfen, Äbten, Rittern und Vasallen.

In den Jahren 1293/1327 wird in Bernburg/S., Altenburg, Zwickau und Leipzig die sorbische Sprache verboten. Dennoch gibt es ab 1706/09 eigenes Schriftgut.

Ab 1750 wächst ein bürgerlich sorbisches Nationalbewußtsein, das sich in Kirchenliteratur und weltlicher Kunstdichtung ausdrückt, später in eigenen Zeitungen. Sorbische Bauernvereine entstehen ein Jahrhundert später. Die sorbische Intelligenz verlangt mit ihrer »Großen Petition der Sorben« (1848/49) Gleichberechtigung ihrer Sprache und Kultur in Schulen, den Kirchen und vor Gericht. 1862 kommt es zur ersten Theateraufführung in sorbischer Sprache in Bautzen. Doch während 1851 die sächsische Regierung erste schulpolitische Zugeständnisse gewährt, verbietet man 1875 das Sorbisch abermals in den Schulen auf preußischem Terrain.

1854 beginnt eine große Auswanderungswelle der Sorben nach Texas und Australien, wo sorbische Siedlungen entstehen. Im Deutschen Reich drängt indes die Jungsorbische Bewegung um 1875 auf Reformen. Sie lehnt sich mit kulturellen Aktivitäten gegen die nationale Unterdrükkung im Deutschen Reich auf.

Jakub Bart Cisinski schreibt 1877 das Nationalepos »Nalozenja« (Der Bräutigam). Das Jahr und das Werk fixieren den Zenit klassischer sorbischer Dichtung im letzten Jahrhundert.

Dach und Interessenbündnis von 31 sorbischen Vereinigungen wird ab 1912 die »Domowina«. Das Zentrum der Sorben wird mehr und mehr die Stadt Bautzen in der Oberlausitz. Während der Weimarer Verfassung entfaltet sich kulturelles und politisches Selbstbewußtsein dieses kleinen Völkchens, zugleich aber überwacht die »Wendenabteilung« des preußischen Staates argwöhnisch die aufblühende sorbische Bewegung.

Nach 1933 bereitete die nationalsozialistische Diktatur programmatisch die physische und psychische Ausrottung der Sorben vor. 1937 werden die Domowina und jedes öffentliche sorbische Leben verboten. Sorbische Lehrer und Pfarrer werden aus der Lausitz ausgewiesen.

Das Kriegsende setzt für die Sorben in Deutschland neue Lebenszeichen. 1948 beschließt der Sächsische Landtag ein »Gesetz zur Wahrung der Rechte der sorbischen Bevölkerung«. Erstmalig kann sich dieses Volk seiner Traditionen wieder bewußt werden. In den folgenden Jahren entstehen Institute für sorbische Lehrerbildung, sorbische Volksforschung, für Sorabistik. Beim Rundfunk der DDR arbeitet eine sorbische Redaktion, ein Haus für sorbische Volkskunst wird geschaffen, ein sorbisches Museum, die Domowina unterhält einen eigenen Verlag.

Die sorbische Sprache wird als zweite Muttersprache an den Schulen gelehrt. Festivale entwickeln die sorbische Kultur weiter.

Trotz der vielen neuen Möglichkeiten lebten die Sorben in der DDR politisch nicht widerspruchslos. Die Domowina war Teil der Wendebewegung.

Nach der Deutschen Einheit wurden 1992 in den Verfassungen Brandenburgs und Sachsens der Schutz und die Förderung der Sorbischen Identität und Kultur weiter festgeschrieben.

Doch zurück zum Spreewald und seinen ethnischen Besonderheiten: Einschneidend war der Dreißigjährige Krieg, den im Spreewald kaum 50 Prozent der gesamten Bevölkerung und nur 20 Prozent der Sorben überlebten. Sächsische und preußische Regierungen strengten sich an, den Spreewald nach 1700 neu zu bevölkern. Es war die Zeit, als Streusiedlungen wie Burg entstanden. Tief im Innern. Die verbotete Sprache erlosch zusehends über die Zeit, hier mehr als in der Oberlausitz. Aber das naturverbundene Wirtschaften der Spreewald-Sorben ging, wie auch viele sorbische Bräuche, auf die neuen deutschen Siedler über und ist heute noch hellwach.

Verschlafener als in anderen Landstrichen der Niederlausitz kam der wirtschaftliche Fortschritt daher. Bis 1945 galten eigentlich nur der Gemüseanbau und kleine Handwerksbetriebe für Bootsbauer und Böttcher als bodenständiges Gewerbe, in den Städten faßte spärlich die Textilindustrie Fuß. Erst der Bau von Wärmekraftwerken und der nahe Braunkohlentagebau forcierten die Industrialisierung.

Aber mit ihr verschwanden Dörfer und ihre Bewohner; unweit Lübbenaus, bei Vetschau, mutierte die Region zur Mondlandschaft.

Nach den gravierenden Einbrüchen auf dem Arbeitsmarkt in den 90er Jahren aber ist der naturschonende Tourismus zur alternativen Erwerbsquelle der Spreewälder geworden.

Spreewälder Fest-Kalendarium

VOGELHOCHZEIT

Am 25. Januar stellen die sorbischen Kinder leere Teller ans Fenster. Am nächsten Morgen finden sie darauf Kuchen, Süßigkeiten, Früchte und andere Leckereien, die vom Hochzeitsessen der Vögel stammen sollen. Der Tag der Vogelhochzeit wird als fester Feiertag in den Schulen und Kindergärten begangen. Mit einem Brautpaar in traditioneller Hochzeitstracht, die anderen Kinder verkleiden sich zu Vögeln mit Riesenschwingen und Schnäbeln aus bunter Pappe. Der Tag schließt mit einem dörflichen Umzug der als buntes Federvölkchen verkleideten Kinder, die unterwegs an den Haustüren beschert werden.

FASTNACHT, sorbisch ZAMPUST

Sie dauert meist 2 bis 3 Tage. Am 2. Tag geht die lustig verkleidete Jugend zum ZAMPERN, einem Heischumzug mit Musik und Tanz von Haus zu Haus. An den Türen halten die Bewohner für das dargebotene Ständchen Geld, Eier und Speck bereit.

Im einzelnen geht's so zu: Am Freitag beginnt das Fest mit einem Tanz für alt und jung. Sonnabend spektakelt dann die Zamper-Jugend mit originellen Fahrzeugen und Requisiten durchs Dorf. Der Fastnachtsverein führt den Umzug mit seinen Diensthabenden: dem Eierkorbträger, dem Speckgabelträger, dem Kassierer und der Kapelle. Ein Ständchen, ein Tänzchen vor jedem Haus für milde Gaben. Die Nacht wird anschließend im Wirtshaus durchgetanzt. Sonntagmorgens zampern die Verheirateten. Rosenmontag ist der Frühschoppen der Verwegensten.

Zamper-Lied

Zamper, zamper Gasse,
Bier in die Flasche,
Eier in die Kober,
Gebt mir Stücke Speck
oder ich spring
über Eure Hausschwelle weg.
Ich bin ein kleiner König,
gebt mir nicht zu wenig,
gebt mir nicht zuviel,
damit ich nichts verlier.
Laßt mich nicht so lange stehn,
ich will weiter zampern gehn.

EIERKUCHENBALL

Ein bis drei Wochen nach dem Zampern veranstaltet der örtliche Fastnachtsverein für das Dorf und seine Gäste einen Eierkuchenball mit den erzamperten Eiern und Speck.

OSTEREIERMÄRKTE

Das Wochenende vor Ostern. Hundertfach werden die handgemalten Ostereier angeboten und deren Herstellung demonstriert.

OSTERFEUER

Genau um Mitternacht zwischen Ostersonnabend und Ostersonntag werden überall Osterfeuer angezündet. In den Morgenstunden finden OSTERSINGEN und OSTERWASSERSCHÖPFEN statt.

OSTERREITEN

Ostersonntag tragen in den katholischen Regionen festlich gekleidete Reiter die Botschaft von der Auferstehung Christi ins Nachbardorf.

MAIBAUM

30. April. An lange Masten wird traditionell eine Birke als Wipfel gebunden und in den Dörfern aufgestellt.

HEXENBRENNEN

In der Walpurgisnacht (30. 4./1.5.). In zahlreichen Dörfern werden gewaltige Reisighaufen aufgestellt und eine Lumpenpuppe verbrannt.

JOHANNESFEST

Im Juni pflücken die sorbischen Jungfrauen Seerosen und binden sie für den Reiter Johannes zu einem Kranz. Im Wettkampf muß es den anderen Reitern gelingen, ihm den Kranz vom Kopfe zu reißen.

SCHLEUSENFEST

Im Juli in Leibsch.

FISCHERFEST

Zweites Wochenende im August in Peitz, mit symbolischem Abfischen als Beginn der Karpfenernte.

REITERFESTSPIELE

Letztes Augustwochenende in Raddusch und Neu Zauche: Bei diesen Festspielen kommen gleich mehrere traditionelle Kulte und Spiele zusammen, wie Stollenreiten, Hahnrupfen und Froschkarren.

Das **Stollenreiten** ist ein Pferderennen auf einem großen Stoppelfeld. Die Sieger erhalten reich geschmückte, gebackene Stollen als Preis.

Beim **Hahnrupfen** reiten die jungen Männer durch ein laubgeschmücktes Balkentor und versuchen, von einem am Querbalken hängenden toten Hahn Kopf oder Flügel zu ergreifen. Wer den Kopf abreißt, ist erster König, zweiter und dritter, wer einen Flügel erwischt. Mit verbundenen Augen dürfen sich die Könige aus dem Kreis der Mädchen, die festliche Tanztracht tragen, ihre Königinnen greifen. Die Paare erhalten große Ehrenkränze aus grünem Laub.

Beim **Kranzreiten** oder -stechen (z. B. in Straupitz) wird, anders als beim Hahnrupfen, anstelle des Hahnes ein Kranz an das Balkengerüst gehängt, den die Burschen mit einer Astgabel abzustechen versuchen.

Beim **Froschkarren** wird eine Froschimitation auf eine Holzkarre plaziert. Die Karre wird von den Mädchen um die Wette eine abgesteckte Wegstrecke hin- und zurückgeschoben.

Junggesellenkarren gibt's vornehmlich in Neu Zauche und Straupitz. Statt des Frosches werden hier Burschen von den Mädchen um die Wette gekarrt. Besonders vergnüglich sind die witzigen »Abgänge« so manchen Fahrgastes.

HEIMATFEST und TRACHTENFEST

Letztes Augustwochenende in Burg. Höhepunkt ist der sonntägliche **Trachtenumzug**.

MUSEUMSFEST

Im August in Lehde mit Hochzeitszug und dazugehöriger Tafel. Bäuerliches Leben und Handwerk (Ostereiermalen, Trachtenstickerei, Blaudruck, Töpfern) des Spreewaldes werden dargeboten.

DORFFEST

Im September in Lehde.

SPREEWALDFEST

Im September in Lübbenau.

SPREEWALDFEST

Am dritten Wochenende des Septembers in Lübben mit Darbietungen traditionellen Brauchtums, festlichem Kahnkorso und Handwerkermarkt.

FISCHERFEST

Im September in Leipe.

MICHAELISFEST

Am ersten Oktobersonnabend in Straupitz mit Einblicken ins sorbische Brauchtum und historische Gewerke.

REITERFESTE

Im Oktober in vielen Spreewaldgemeinden.

KIRMES

Gibt es von Oktober bis November, es ist das Erntefest der Spreewaldbauern. Nach den Erntedankfesten beginnen auf den Dörfern die Kirmesfeiern. Sie sind neben der Fastnacht die beliebtesten Dorffeste.

WEIHNACHTSMÄRKTE

Im Dezember in den Städten.

Die Technik des sorbischen Ostereiermalens Ein Do-it-yourself-Tip:

Die Kunst auf der Schale gehört zu den zerbrechlichsten Spezialitäten der gesamten Lausitz. Wer sie nachahmen möchte, kann so vorgehen:

Benötigt werden ausgeblasene Eier. Über einer brennenden Kerze wird ein Löffel befestigt, in dem Wachsstückchen flüssig gehalten werden. Die Spreewälderinnen tragen gewöhnlich mit verschiedenen Federformen ihre jahrhundertealten Muster mit heißem Wachs auf. Die zuerst aufgesetzten Verzierungen werden zuletzt weiß stehen bleiben. Zwischen jenen winzigen aus Wachs gestalteten Ornamenten wird die freibelassene Eierschale – mit der hellsten Farbe beginnend – gefärbt. Sodann muß jeder einzelne Farbton mit Wachs gesichert werden, bevor die kräftigeren Farben folgen. Nach dem letzten Federstrich wird das Wachs an einer Spiritusflamme zum Schmelzen gebracht und abgerieben.

Es ist sorbischer Brauch, daß am Karfreitag die Paten je drei Eier für ihre Patenkinder verzieren – Jahr um Jahr, so lange, bis diese heiraten.

Doch längst färben die Eierkünstler nicht mehr nur für die Familien. Geschäftstüchtig handeln sie ihre Prachtstücke an Ostereierbörsen, von wo sie in alle Welt gelangen und überall Nachahmer finden.

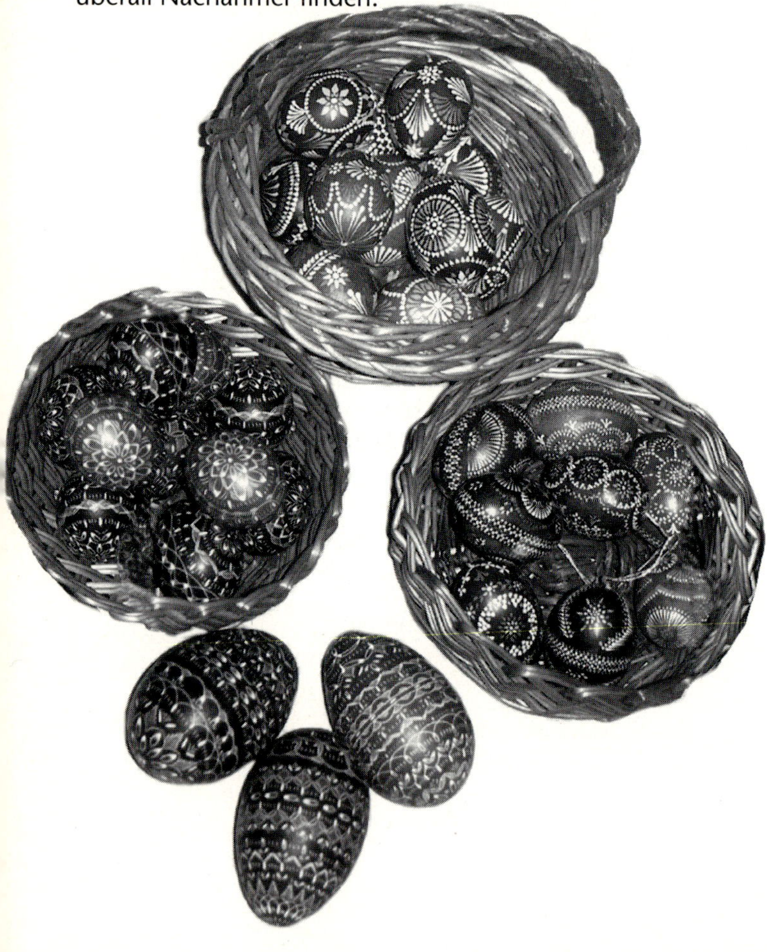

Die Spreewaldmetropolen Lübbenau und Lübben

TOUR 3

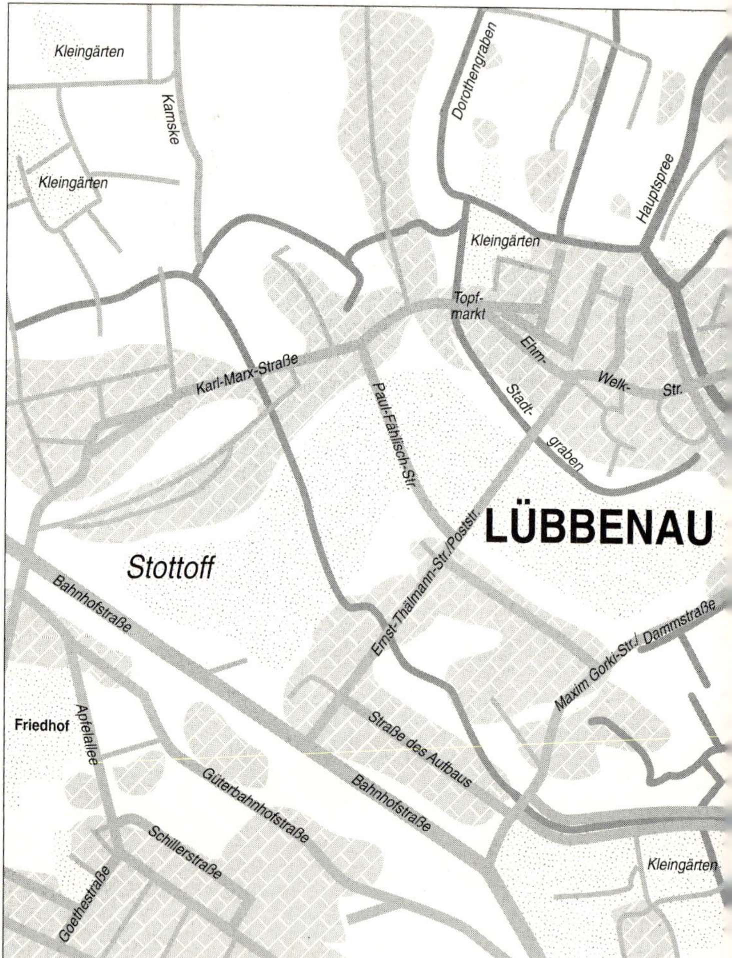
Kleingärten
Kamske
Kleingärten
Dorothengraben
Hauptspree
Kleingärten
Topf-
markt
Ehm-
Welk-
Str.
Stadt-
graben
Karl-Marx-Straße
Paul-Fählisch-Str.
LÜBBENAU
Ernst-Thälmann-Str./Poststr.
Stottoff
Bahnhofstraße
Dammstraße
Maxim Gorki-Str./
Friedhof
Apfelallee
Straße des Aufbaus
Güterbahnhofstraße
Bahnhofstraße
Schillerstraße
Goethestraße
Kleingärten

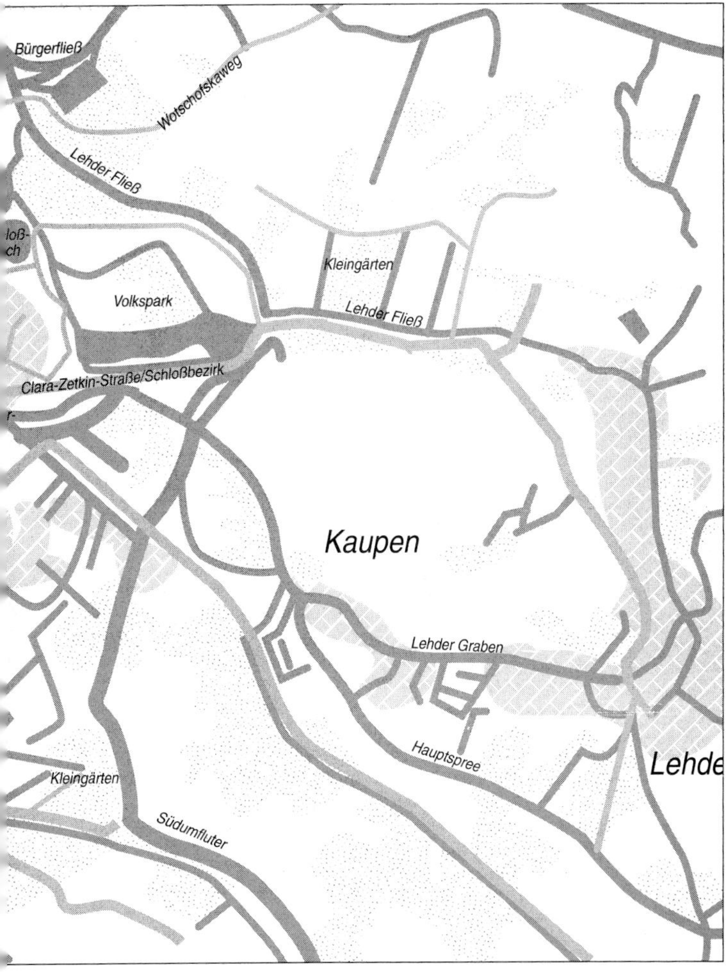
Bürgerfließ
Wotschofskaweg
Lehder Fließ
loß-
ch
Kleingärten
Volkspark
Lehder Fließ
Clara-Zetkin-Straße/Schloßbezirk
Kaupen
Lehder Graben
Hauptspree
Lehde
Kleingärten
Südumfluter

Lübbenauer Hof und Nikolaikirche

Die Perle Lübbenau

Lübbenau ist die Stadt vor dem Wasserlabyrinth oder das Herz des Spreewaldes, wie Fontane es geographisch bestimmte.

Vom Bahnhof führt die Poststraße auf die Ehm-Welk-Straße, wo der Reisende mit einem jedes und alles betreffenden Schilderwald empfangen wird. Verlaufen ist unmöglich.

Eigentlich stoppt der Hungrige schon früher. Keine 3 Minuten nach dem Bahnhof. Beim »Dicken Harry« nämlich, einem echtem Spreewaldswirt. Das »Dicker« ist keineswegs untertrieben, auch der wuslige Zopf ist an dem Wirtskopf dran, wie draußen auf dem Selbstporträt unter dem Kneipennamen angekündigt. Nur das verlockende »Kuchen wie bei Muttern«-Angebot stimmt nur in der Hauptsaison. Ende September, Anfang Oktober backt Harry nicht mehr. Dann lohnt die Wirtschaft nur das Reinschauen für den, der urige Typen sehen will.

Wenn Sie sich nur auf einem Tagesausflug befinden, wird es Sie fraglos zuerst zu den Häfen ziehen (Möglichkeiten unter Tour 5). Dem länger Verweilenden sei geraten, sich die Stadtmetropolen für Schlechtwettertage aufzusparen, denn was macht man im Spreewald an verregneten Ferientagen? Eine lange Nase. Der Top-Reiz geht hier nun einmal vom Wasser aus.

Kulturhistorische Blitzlichter

Lübbenau wurde erstmalig 1375 als Stadt erwähnt. Archäologische Grabungen weisen in diesem Gebiet slawische Wallanlagen und Siedlungen aus dem 9. bis 10. Jahr-

Ehm-Welk-Straße mit altem Rathaus

hundert aus. Dem Adelsgeschlecht von Yleburg aber verdankt die Stadt offenbar das Stadtrecht und das sippengleiche Wappen: auf dunkelbraunem Grund dreieckig angeordnete weiße Sterne mit einem weißen Fisch. In jenem Nennjahr verkaufte die Familie Yleburg ihren Lübbenauer Besitz dem Ritter Christian Lange.

Ab 1621 gehörte Lübbenau durch Schenkung dem Grafen von Lynar (1525 – 1596). Das Geschlecht derer von Lynar war im Mittelalter in Oberitalien ansässig. Später gelangte es über Frankreich nach Deutschland. Die Sippe brachte talentreiche Organisatoren und Ökonomen hervor, die es zugleich verstanden, nach und nach ihren Besitz zu mehren. Noch in der ersten Hälfte des 19. Jahrhunderts gehörten 30 Spreewalddörfer mit annähernd 13 000 ha Land zum Familienbesitz.

Bevor der **Marktplatz** die Mitte der Stadt einnahm, fand sich hier nur eine lose Ansammlung von Gehöften. Die herrschaftlich-schlichten Bürgerhäuser, die heute den Platz umgeben, sind bis zu 300 Jahren alt.

Im Zentrum überragt die **Stadtkirche St. Nicolai** die zweigeschossigen Bauten. Die Kirche errichtete der Dresdener Gottfried Findeisen 1738–41. 1777–78 folgte der Turmbau. Im 19. Jahrhundert wurde dem Bau äußerlich der barocke Protz genommen. Seither paßt er sich vorteilhaft ein in das insgesamt schlicht-elegante Ensemble am Markt. Das Innenleben strahlt lichte Festlichkeit aus. Dank der zweistöckigen, dreiseitigen Empore konnte das Gotteshaus mehrere hundert Gläubige versammeln. Im Altarraum links eine verglaste Loge für blaublütige Kirchgänger. Rechts gegenüber die barocke Kanzel, ebenfalls barock das muschelförmige Taufbecken vor dem Altar, von einem Engel gehalten.

Rechts vom Markt führt die Geschäftsstraße zum großen **Spreewaldhafen** und in den Schloßbezirk. In dem 1907 ausgebauten Hafen wimmelt es von Touristen, Booten, Fährleuten, Souvenirgeschäften. Gleich mehrere Fotoshops bieten Erinnerungskarten an, gegenüber handelt man mit Spreewaldfrüchten. Schnellen, nicht sehr komfortablen Imbiß bieten Stände und Gaststätten. Hier möchte man nicht sehr lange verweilen, einfach nur in die Kähne flüchten, wissend, daß sich das Kahnknäuel draußen in den Fließen blitzschnell enträufelt.

Auch nebenan, im **Schloßpark** ist es ruhiger. Über die Mühlenbrücke gelangen Sie an das schmiedeeiserne Portal. Inmitten der Ornamente des Tores – das Wappen derer von Lynar. Es zeigt zwei Felder blühenden Flachses und zwei weitere mit einer sich ringelnden Schlange, dem Schlangenkönig. Der Legende nach soll der Reichtum der Grafen von Lynar auf einem Diebstahl beruhen, so erzählen es jedenfalls die Alten:

Die Sage vom Schlangenkönig

Dort, wo sich heute Lübbenau erhebt, war vor Zeiten tiefes Sumpfland. Doch ein Schloß hat bereits darin verlassen

Der große Lübbenauer Spreewaldhafen

gestanden. Schließlich entdeckte es ein Förster auf seiner Pirsch, blieb und ward lange Zeit einsam an diesem Ort. Einmal sah er in der Nähe des Schlosses, wie sich viele Schlangen auf einem sonnigen Heideflecken ringelten. Die größte Schlange in dieser geselligen Zusammenkunft trug eine Krone.

Immer wieder beobachtete der Förster die Schlangen in der Sonne und bemerkte, daß der Schlangenkönig beim Spiel seine Krone auf einem hellen Sandfleck lagerte. Dabei kam dem Förster ein verwegener Gedanke. Sollte der Schlangenkönig nur auf einem hellen Grund seine Krone ablegen?

Anderntags schlich der Förster vor Sonnenaufgang zu dem Spielplatz der Schlangen und breitete dort ein Stück Leinwand geradewegs über den lichten Sandfleck aus. An einem Zipfel verknotete er einen langen Bindfaden und zog sich mit dem anderen Ende ins tarnende Buschwerk zurück.

Um die Mittagsstunde versammelten sich die Schlangen zum Sonnenreigen und -kringen. Der König hatte, wie vermutet, seine Krone auf der Leinwand abgelegt, als der Förster blitzartig die Leinwand samt Krone an sich zog, aufs Pferd sprang und mit dem Raub davon eilte. Die Schlangen jagten ihm zischend und pfeifend hinterher. Beinahe hatten sie ihn eingeholt, doch der Förster warf geistesgegenwärtig seinen Mantel ab. Darin verbissen sich die Schlangen, und der Mann entkam und ward von Stund an reich und gründete das Geschlecht der Lynar, die seither in Lübbenau herrschten.

(Nach »Sagen aus Heide und Spreewald«,
Domowina-Verlag, Bautzen, 1991.)

Was die Sage poetisch umschreibt, hat tatsächlich einen realen Kern: Reichtum und Macht der Grafen von Lynar gründeten auf jahrhundertelanger Ausbeutung und Ausplünderung der ihnen erbuntertänigen Bauern. Eine Unterdrückung, die sich im Revolutionsjahr 1848 durch einen Sturm von Hunderten aufgebrachter Lübbenauer Bürger auf das Schloß entlud – der damalige Graf Lynar rettete sich durch die Hintertür und floh per Kahn nach Lübben ...
Wirkliche Ehre aber hat sich der letzte Sproß der Lynars erworben: Eine Gedenktafel am Schloß erinnert an Wilhelm Friedrich Rochus Graf zu Lynar, der Adjutant des Generalfeldmarschalls Erwin von Witzleben war und mit diesem zum Kreis der militärischen Widerstandsbewegung gegen die nationalsozialistische Diktatur gehörte. Nach dem gescheiterten Attentat des 20. Juli 44 wurden von Witzleben und Lynar im Schloß verhaftet; Graf Lynar wurde am 29. September 44 in Plötzensee gehängt, sein gesamter Besitz wurde von den Nazis enteignet.

Aber treten wir ein in den Park. Gleich links die schon erwähnte **Museums-Halle** mit der Bimmelguste, sie gehört zum hellen Haus nebenan, der ursprünglichen **Kanzlei** der Grafschaft, und birgt eine landwirtschaftliche Ausstellung des Spreewaldmuseums. Das gegenüberliegende Fachwerkhaus, das **Efeuhaus**, ist das älteste Gebäude auf dem Schloßterrain.

Das jetzige **Schloß** entstand erst 1817–20. Eine alte Wasserburg wurde hier zuvor zum Renaissance-Schloß umgebaut, das wiederum der sächsische Baumeister Pro-

Die alte Kanzlei, heute als Museum genutzt

fessor Karl August Benjamin Siegel (1757–1832) zu erneuern beauftragt war. Doch trotz des beratenden Beistandes von Karl Friedrich Schinkel, dem berühmten preußischen Baumeister, ist es zu einem ziemlich klobigen Kasten geraten. Ein dreigeschossiger Bau mit klassizistischer Fassade. Zwei lange Flügel treffen sich annähernd im rechten Winkel. Der Verbindungsflügel mit seinen zwei abgestumpften Türmen an den Flanken im neoromantischen Stil kam erst 1839 hinzu, doch unterstreichen diese Teile eher den massigen Bau.

Heute wird im Schloß ein nobles Hotel mit gutem Restaurant geführt. In den Räumen sind noch goldgerahmte Gemälde der Vorfahren der gräflichen Familie zu Lynar zu besichtigen. Verewigt von bedeutenden Malern wie Antoine Pesne (1683–1757), Friedrich August Tischbein (1750–1812) und Anton Graff (1736–1813).

Vom Reichtum derer von Lynar zeugen auch kostbare Sammlungen von Meißner Porzellan und böhmischem Glas in der **Orangerie**. Sie befindet sich gleich gegenüber. Der rotbraune Bau stammt aus der Zeit zwischen 1820 und 1830. An der Vorderfront verbindet ein schlichter Säulengang die zwei Eckgebäude mit Kuppeln. Die Stätte bewahrt heute Gemälde, kunstvolle Porzellane und Gläser aus drei Jahrhunderten auf.

Das Lübbenauer Schloß, mit Schinkels Rat gebaut

Daneben wechseln zeitgenössische Kunstausstellungen. Auf der leicht ansteigenden Wiese vor der Orangerie arrangiert man im Sommer Freiluftkonzerte.

Exakte Wege führen vom Schloß in seinen Park. Seit 1817 wurde er im englischen Stil kultiviert. Flußarme trennen die Schloßparkhalbinsel von den angrenzenden Spreewaldwiesen. Der Weg neben der Orangerie führt sozusagen auf einem Schleichpfad hinunter zum großen Spreewald-Hafen.

Sollte Sie der Andrang immer noch schrecken oder das Wetter ein Kahnpartie ausschließen, können Sie von hier aus auch zum **Freilichtmuseum Lehde** wandern. Der Weg mißt kaum 2 Kilometer. Durchqueren Sie einfach das Hafengelände über zwei Brücken, halten Sie sich dann links, und schon befinden Sie sich auf einem stillen, gekennzeichneten Wanderweg namens Europaweg. Es ist ein Ringweg, der Sie auf der gegenüberliegenden Seite der Lagunenlandschaft auch wieder zum Schloß zurückführt.

In etwa 25 Minuten haben Sie das 600 Jahre alte Lehde erreicht, das sich allerdings besser vom Kahn aus besichtigen läßt. Kein Dorf konnte seinen ursprünglichen Charakter dergestalt bewahren. Lehde bietet sich ganz wie zu Fontanes Zeiten. Die Wege und Straßen heißen Lischka, Sabuga oder Giglitza und sind Spreearme, die das Dorf in kleine, leicht erhöht liegende Inseln teilen, die Kaupen. Schänke an Schänke reiht sich hier im Umfeld. »Café Venedig«, »Kleiner Hecht«, »Gaststätte Oppot« oder der »Fröhliche«.

Fontane über Lehde, das bäuerliche Venedig:

»Man kann nichts Lieblicheres sehen als dieses Lehde, das aus ebenso vielen Inseln besteht, als es Häuser hat. Die Spree bildet die große Dorfstraße, allerhand Arme und Kanäle die Gassen. Wo sonst ein Heckenzaun sich zieht, um die Stelle zu markieren, wo ein Grundstück aufhört und das andere anfängt, ziehen sich Kanäle und Kanälchen, und jedes Bauernhaus ist ein abgeschlossenes Ganzes, das in der Umzäunung seiner Gräben daliegt wie eine Friedensburg. Die einzelnen Höfe, untereinander in kleinen Zügen verschieden, sind in der Grundanlage gleich. Dicht an der Spreestraße steht das Wohnhaus, ziemlich nah daran die Stallgebäude und klafterweis aufgeschichtetes Erlenholz umzirkelt mehr oder weniger den Kreis des Inselchens. Obstbäume und Düngerhaufen, Blumenbeete und Fischkasten teilen im übrigen das Terrain und geben in ihrer Gedrängtheit die reizendsten Bilder. Das Wohnhaus selbst ist ein Blockhaus. Spreewaldeichen, horizontal übereinandergelegt, werden zusammengefugt und geben das alte, traditionelle Haus. Die Fugen werden mit Lehm verschmiert, dazu kleine Fenster und dem Ganzen ein tüchtiges Schilfdach aufgesetzt. Seine Schönheit besteht in seiner Ornamentik. Fischnetze und Gurkenblüte legen den Grund, und Geißblatt und Convolvulus schlingen sich mit allen Farben hindurch. Zwischen Haus und Fluß liegt ein Grasplatz, dessen Ausläufer ein Holzsteg ist. Um ihn herum gruppieren sich Kähne, klein und groß, immer dienstbereit, sei es nun um einen Heuschober in den Stall zu schaffen oder ein Liebespaar bei seinem Stelldichein behülflich zu sein.«

(Aus: »Die schönsten Wanderungen durch die Mark Brandenburg«, Fischer Taschenbuch Verlag, 1989).

Das eigentliche Museum besteht seit 1957. Schon Mitte des vorigen Jahrhunderts sollte Lehde zu einem Museum werden. Geworden ist aus diesem Traum ein Freilichtmuseum. Aus dem ganzen Spreewald wurden Häuser, die verlassen waren, zusammengetragen, liebevoll in ihrem ursprünglichen Aussehen wieder aufgebaut. Mit allem, was zu einem richtigen Spreewaldhaus gehört: Doppelstubenhaus, Stallscheune, Back- und Bienenhaus, Altenteil, Kahnschuppen, Stallgalerie und Spritzenhaus.

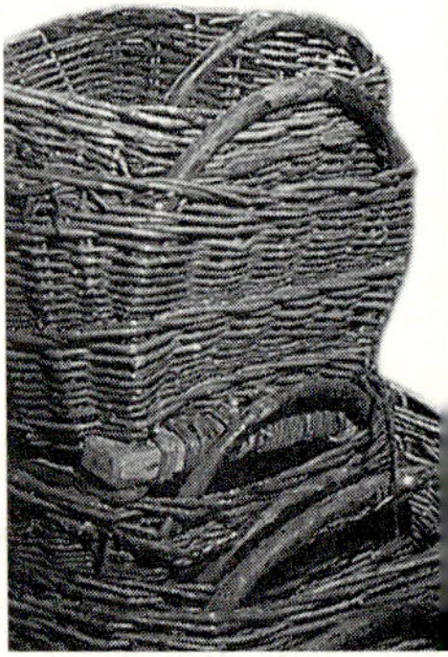

Freilichtmuseum Lehde: Einblicke ins Spreewaldhaus

Das alte Lehder Feuerwehrhaus, mit Storchennest

Die drei Gehöfttypen veranschaulichen explizit die Arten des Bauens, die hier am häufigsten sind: die Blockhausbauweise des Zentralspreewaldes aus Lehde, die des Siedlungsspreewaldes aus Burg und die Fachwerkbauweise aus dem nördlichen Randgebiet nahe Straupitz. Holz und Rohr sind die dominanten Materialien.

In den Häusern werden Sie erleben, wie dicht Mensch und Tier beieinander waren. Daß es nur ein sehr großes Familienbett gab, wohin auch ein Hochzeitspaar nach seiner ersten Nacht unweigerlich zurückzukehren hatte. Webstühle, Backöfen, Fischernetzwerk, Bienenstand und Ackergerätschaften verraten, wie mühselig die Spreewaldbauern wirtschafteten.

Von Lehde kann man nach **Leipe** schippern, wo sich zwischen die Sorbenkaten viele feste Häuser aus rotem Backstein reihen, mit alten Schützenscheiben, Fischernetzen und Reusen.

Zurück Richtung Schloß Lübbenau ist der Wanderweg schmale Asphaltstraße. Sind Sie hungrig? Im Gartenlokal »Zum fröhlichen Hecht« läßt sich herzhaft speisen, wie es 1859 schon Fontane fand.

Weiter der Straße folgend, geraten Sie abermals über die Mühlenbrücke auf die Hauptstraße, die Ehm-Welk-Straße.

Ihren Namen erhielt sie dem Schriftsteller **Ehm Welk** zu Ehren, der sich während der Nazi-Diktatur von 1935 bis 1940 nach Lübbenau zurückgezogen hatte und hier u. a. seinen berühmten Roman »Die Heiden von Kummerow« schrieb. Zuvor, im April 1934 hatte Ehm Welk ein in dieser Zeit ach so seltenes Beispiel von Mut und Charakterstärke gegeben: In einem Leitartikel der in Millionenauflage erscheinenden Wochenzeitung »Grüne Post« nahm er Propagandaminister Goebbels beim Wort, der sich in einer heuchlerischen Rede über Gleichförmigkeit, Langweiligkeit und Charakterlosigkeit der Presse beklagt hatte:

»Sie sind, Herr Reichsminister, ein Freund des Witzes und der Ironie«, schrieb Ehm Welk mit beißender Ironie. *»Unsere Grenzen sind da aber enger gezogen. Früher, da konnten wir diese geistige Übung gelegentlich auch an behördlichen Maßnahmen und behördlichen Personen erproben...«*

Goebbels aber ließ prompt die Maske fallen: Die »Grüne Post« wurde für drei Monate verboten, Welk zum »Schädling am deutschen Volk« gestempelt und ins KZ Oranienburg eingeliefert.

Folgen Sie nun der Ehm-Welk-Straße bis zur Skulptur und Postsäule der Nikolaikirche. Schräg gegenüber findet sich der Fremdenverkehrsverein mit seinem **Informationszentrum**.

Ein Gäßchen daneben führt Sie zum **Kleinen Hafen »Am Spreewaldschlößchen«**. Von dort aus ist ein anderer Spaziergang **über 15 Bänke**, so nennen die Einheimischen ihre Brücken, auf einem drei Kilometer langen Pfad von Lübbenau zur hundertjährigen Gaststätte **»Wotschofska«** möglich. Der Weg ist seit 1911 als Wanderweg ausgewiesen. Zu Kriegszeiten war die Erleninsel Zufluchtsort der Spreewaldbewohner.

Doch zurück: Parallel zur Ehm-Welk-Straße verläuft die Mittelstraße, die durch einen Durchgang zugänglich ist. Dort treffen Sie auf weitere Fachwerkbauten. Der Durchgang, ein dreigeschossiger, roher Ziegelbau, war ehemals

Rathaus. Er war und wirkt wie ein Stadttor. Kaum zu glauben, daß sich das **Kraftwerk** und die öde Tagebaulandschaft nur drei Kilometer Luftlinie von hier befinden. Ein wenig trügerisch ist somit die Idylle in Schloßpark, Hafen und Altstadt. Denn von der Bahnlinie aus muten die sieben 140 Meter hohen Schornsteine der Stadt wie eine düstere Drohung an: Hier beginnt das Reich der Kohle. Unweit frißt die Schraube immer noch Dörfer. Das Kreischen kommt immer näher. Hinter den Braunkohlebaggern wird TABULA RASA sein.

Einer, der festhält, dem Schmerz, den Deformationen von Land und Mensch Gestalt gibt, ist heute der Maler Eckhard Böttger. Wenn Sie einen Ausflug in das Finsterwalder Heimatmuseum unternehmen, können Sie besser die Verluste der Menschen hier, wie in der gesamten Lausitz, nachvollziehen. Böttger hat in seinen hier ausgestellten Werken mit Ton, Erden, Kohlenstaub, Asche, mit allem, was der Boden von Höfen im Abriß hergibt, versucht, das Drama festzuhalten. Erdenwesen, die ohne Land sind. Flüchtige Schattenrisse. Landsucher.

Das Großkraftwerk Lübbenau ist nach Schwarze Pumpe, Trattendorf und dem 11 Kilometer entfernten Vetschau das vierte seiner Art.

Die betonierte Neustadt Lübbenau beginnt gleich neben dem Werk. Kein schöner Land.

Tip Nr. 2
für Schlechtwettertage

Viele Künstler und Handwerker wohnen in der Umgebung. Wie wäre es mit einem Atelier- oder Werkstattbesuch?

Bei einem Blaudruckmeister zum Beispiel. Der Blaudruck gehört seit Jahrhunderten zur Tracht und zur Hauswäsche der Sorben. Die Technologie hat sich seit dem Mittelalter kaum gewandelt. Das jeweilige Muster wird mit einer Masse namens Papp auf den Stoff gedrückt und anschließend blau eingefärbt. Dabei bleiben die mit Papp bedeckten Flächen weiß stehen.

Auch die Lausitzer Töpfer können etwas Besonderes vorweisen: ihre Schwämmchen-Mal-Technik. Oder vielleicht interessiert Sie auch der eigenwillige Bootsbau der Spreewaldkähne, die Geschicklichkeit der Böttcher? Fragen Sie einfach im Fremdenverkehrsverein, Ehm-Welk-Straße 15, wo aktuelle Ausstellungen laufen, oder fragen Sie nach Möglichkeiten zu einem Atelier- oder Werkstattbesuch. Dort ist auch eine Auswahl der bezaubernden Spreewald-Aquarelle der Lübbenauer Malerin Simone Brüggemann Riemer zu betrachten.

Oder wie wär's mit einem zweitägigen Englisch-Intensivkurs? Der ist im Barnsley College, Straße des Friedens 35, Telefon: 035 42-444 07 zu erfahren.

Das Nadelöhr Lübben (Lubin)

Während Lübbenau als das Herz des Spreewaldes gilt, ist das 16 Kilometer nördlich gelegene Lübben Dreh- und Angelpunkt zwischen Ober- und Unterspreewald. Archäologische Quellen aus der Mittelsteinzeit lassen vermuten, daß hier schon seit Menschengedenken gesiedelt wurde. Viele Urnengräber aus der Bronzezeit wurden gefunden, selbst frühdeutsche Keramikreste.

Zur ersten schriftlichen Erwähnung kommt es im Jahr 1150 als »urbs Lubin« – Burg Lübben. Vor den Slawen lebten hier Burgunder, die mit der Völkerwanderung im 4. Jahrhundert die Region verließen. Die Stadt entwickelte sich an einer natürlichen Landbrücke, einem Schwemmsandhügel zwischen zwei Spreearmen. Eine äußerst günstige strategische Lage für eine Burg. Im Rücken gesichert

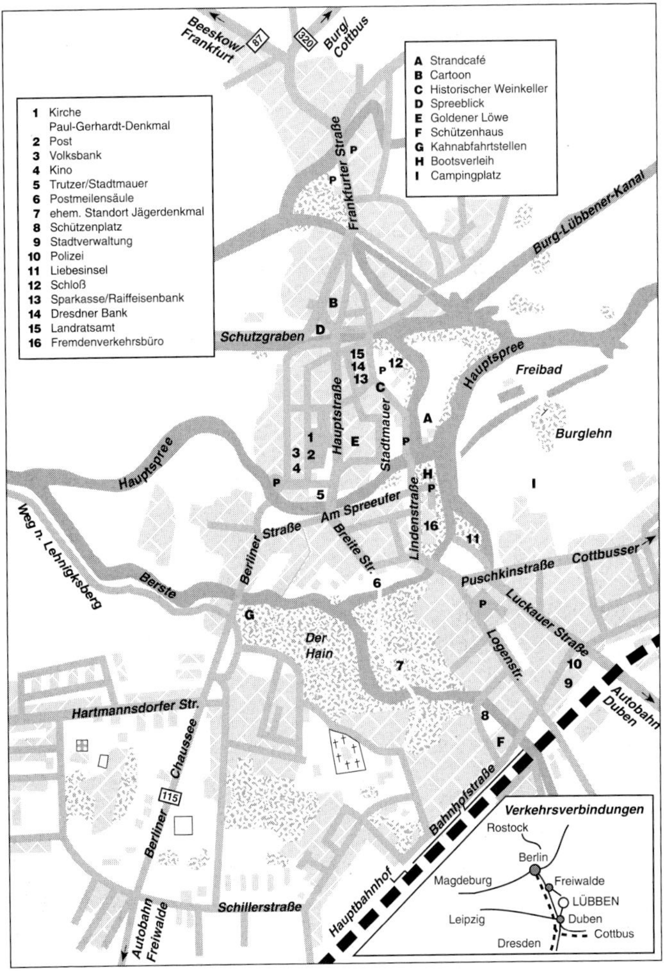

Beeskow/ Frankfurt
87
320
Burg/ Cottbus
1 Kirche
Paul-Gerhardt-Denkmal
2 Post
3 Volksbank
4 Kino
5 Trutzer/Stadtmauer
6 Postmeilensäule
7 ehem. Standort Jägerdenkmal
8 Schützenplatz
9 Stadtverwaltung
10 Polizei
11 Liebesinsel
12 Schloß
13 Sparkasse/Raiffeisenbank
14 Dresdner Bank
15 Landratsamt
16 Fremdenverkehrsbüro
A Strandcafé
B Cartoon
C Historischer Weinkeller
D Spreeblick
E Goldener Löwe
F Schützenhaus
G Kahnabfahrtstellen
H Bootsverleih
I Campingplatz
Frankfurter Straße
Burg-Lübbener-Kanal
Schutzgraben
Hauptspree
Freibad
Hauptstraße
Stadtmauer
Burglehn
Hauptspree
Lindenstraße
Am Spreeufer
Weg n. Lehnigksberg
Berliner Straße
Breite Str.
Cottbusser
Puschkinstraße
Berste
Luckauer Straße
Der Hain
Logenstr.
Autobahn Duben
Hartmannsdorfer Str.
Berliner Chaussee
115
Bahnhofstraße
Verkehrsverbindungen
Rostock
Berlin
Magdeburg
Freiwalde
LÜBBEN
Leipzig
Duben
Cottbus
Dresden
Hauptbahnhof
Schillerstraße
Autobahn Freiwalde

durch die Spree, bot sie wiederum natürlichen Schutz für die um 1200 heranwachsende Stadt. Doch der Ort war sprichwörtlich das Tor durch die unwegsamen Niederungen des Baruther Urstrom- und Spreetals. Hier näherten sich deren Ränder bis auf einen Kilometer. Immer wieder durchmaßen Kriegszüge die Stadt oder gab es Machtkämpfe um sie selbst. Die Stadtgeschichte ist eine Chronik aus Bränden und Kriegen, die sie allenthalben zu Asche werden ließen. In den Aprilkämpfen des Jahres 1945 zum letzten Male. Zwei Drittel der Stadt versanken im Flammenmeer. Historische Ansichten sind seither handverlesen.

Ein breiter Fußweg führt Sie vom **Hauptbahnhof** zur Friedensstraße durch den mit Eichen, Buchen und Eschen bestandenen Lübbener Hain. Unterwegs begegnet Ihnen ein Steinsockel, der, mit »Liuba« beschriftet, einer sorbischen Göttin gedenkt, die im letzten Jahrhundert hier verehrt worden sein soll. Aber das Steinzeichen ist zugleich Teil einstiger Postdistanzsäulen und stammt von der gegenüberliegenden Seite der Stadt. Am Hain-Tor tauchen Sie ein in den quirligen Durchgangsverkehr. Die F 87 flutet mit der F 320 am östlichen Stadtrand zusammen. Knotenpunkt eben. Schon nach 1700 führte hier der alte »Meßweg« Leipzig – Torgau – Frankfurt/Oder über Lübben. Als Zeugnis aus Sandstein belegt das die kursächsische Postmeilensäule von anno 1735 auf der Breiten Straße.

Weiter flanierend auf diesem Lübbener Einkaufsboulevard vorbei an zweigeschossigen Gründerzeitbauten treffen Sie auf die Spreebrücke. An deren Fuß ist ein Stück ehemalige Stadtbefestigung auszumachen: der **Trutzer** und der **Hexenturm**, Wehrtürme aus der Zeit um 1480. Am Markt ist von den älteren Bauwerken allein die **Paul-Gerhardt-Kirche** verblieben. Die spätgotische Hallenkirche wurde etwa um 1500 errichtet. Kanzel und Taufstein stammen aus dem Jahre 1610. Das Gotteshaus blieb nicht unverschont von Bränden, wurde jedoch, mit dem Zeitgeschmack geschuldeten Korrekturen, immer wieder aufgebaut.

S. 70 Reste der alten Stadtmauer, mit Trutzer und Hexenturm

Seinen Namen erhielt es nach Paul Gerhardt (1607–1676), dem Dichter der schönsten evangelischen Kirchenlieder, der in seinen letzten Lebensjahren in der Hauptkirche als Diakon wirkte und in ihr auch beigesetzt wurde.

Ein Standbild aus dem Jahre 1907 erinnert an ihn vor dem Haupteingang. Paul Gerhardt kam ins damals sächsische Lübben, nachdem er im »Berliner Bekenntnisstreit« 1666/67 seine Stellung in Berlin verloren hatte: Als entschiedener Lutheraner war er nicht bereit gewesen, die von dem calvinistischen Kurfürsten verordnete Toleranz zu praktizieren.

Durch die Judengasse gelangen Sie zum Restaurant »Strandcafé« und zum Lübbener Hafen. Zugleich wird ein massiger Schloßturm sichtbar. Dahinter liegt das ehemalige **Schloß**. Hinter den drei Meter starken Mauern des wuchtigen Turmes aus dem 14. Jahrhundert flüstern sich heute Brautpaare ihr Eheversprechen zu. Der einstige Wappensaal dient nunmehr der Stadt zu Festakten und Konzerten. Ein großes Wandbild zeigt die Huldigung für Friedrich II. durch Lübbener Bürger bei seinem Einzug in die Stadt nach der Entmachtung der sächsischen Brüder von Polenz 1448. Kellerstufen führen hinab in den Wein-

keller. Sehenswert ist der Spätrenaissancebau des Schlosses an der Turmrückseite. Nach den Brandschatzungen im 30jährigen Krieg bekam das Schloß 1679–82 dieses Antlitz mit seinem wunderschönen Renaissancegiebel. Man mutmaßt allerdings, daß es einst als Wasserburg erbaut wurde. Verschiedene Behörden nutzen es heute. Irgendwann einmal soll es eine Stätte der Kultur werden. Gleich hinter dem Schloß strömt die Spree, man schaut ins Spreewälder Wiesenland, darin formt sich eine kleine Anhöhe, Burglehen genannt, eine frühzeitliche Wallanlage.

Gegenüber dem Schloßbezirk befindet sich das hufeisenförmige Ständehaus. 1717 wurde es erbaut und trägt über den Eingangsportalen das Wappen der Niederlausitz. Der Bau beherbergt heute eine Außenstelle des Brandenburger Landeshauptarchives.

Das Lübbener Schloß mit dem Renaissance-Turmgiebel

Zurück zum Hafen auf dem Ernst-von-Houwald-Damm. Ganz in der Nähe ist der **Lübbener Campingplatz**, vorbei am Strandcafé gelangen Sie über zwei Brücken an den Süddeich. Hier sichten Sie bereits Zelte und Wohnmobile. Oder Sie touren nun doch mit den Fährmännern auf dem Wasserwege weiter ins Naturschutzgebiet Buchenhain und zum Agrarhistorischen Museum in Schlepzig.

Im Unterspreewald sind durch Eindeichungen wie Trockenlegungen größere, zusammenhängende Wiesen- und Waldgebiete entstanden. Es gibt hier wesentlich weniger Spreefließe und Kanäle.

Auf den Dämmen entlang und durch sandige Waldschneisen führen Wanderwege von Lübben nach dem dreizehn Kilometer (Markierung gelb-rot) entfernten **Schlepzig** (Slopisca gleich Wurzel)). Es lohnt sich, dieses typische Straßen-Dörfchen so oder so zu besuchen, per Fuß, Rad, Kahn, Pferd, aber wenigstens als Spritztour mit dem Auto, nördlich der F 87. Übrigens ist der dortige **Kahnfährhafen** vor dem »Gasthof am grünen Strand« der günstigste Einstiegshafen für Wassertouren durch den Unterspreewald.

Zwar verbrannte das fast 1000-jährige alte Walddorf 1769 fast vollständig in einem Großfeuer, aber was danach erbaut wurde, steht heute noch und putzt sich in diesen Tagen wieder etwas heraus. Sehenswert besonders die Kirche aus dem Jahre 1782 mit ihren braunen Fachwerkbalken, das Werk mit Lehm und Stroh ausgefacht, ein Bretterturm mit geschweiftem Helm und bemoosten Dachziegeln, drinnen barocke Deckenmalerei. Die Mühle brannte 1769, wurde aber ebenfalls als Fachwerkbau wiedererstellt. Allerdings läßt sich heute nur noch ahnen, daß sie einst mit Wasserkraft Mehl mahlte und Leinöl preßte.

Im **Bauern-Museum**, einem Gehöft mit Fachwerkwohnhaus aus dem Jahre 1818, zeigt man einstigen Alltag. Sie erfahren von der Arbeit der Bauern auf der Forstweide, in den Wiesen, am Moor, im Nieder- und Hochwald, und wie winterwärts das Leinen gewebt wurde. Agrargeschichte aus 200 Jahren, auch die jüngere wird dokumentiert. Das Haus wurde 1822 für den Dorfrichter gebaut. Von den damaligen Bewohnern stammen viele Einrichtungsgegenstände und Gerätschaften: Küche mit Kachelofen, Brotschrank, Leinölkanne, Zeugnisses eines armen Tages.

Die Benediktinermönche aber, denen im Mittelalter neben Schlepzig auch die Nachbarorte Leibsch und Krausnick gehörten, labten sich an den bäuerlichen Abgaben: Jede Wirtschaft hatte jährlich einen Topf Honig, ein Geldstück in Silber, je ein Fell von Bock, Marder, Hirsch, Wildkatze, auch deren Fleisch, ein Schock Fische und einen Malter Hopfen abzuliefern. In der Museumsscheune finden sich Geräte zur Flachsverarbeitung. Noch bis 1945 wurde hier Leinen hergestellt. Auch die Arbeitsgeräte der Forstleute und Fischer werden hier gezeigt. Die Dörfler arbeiteten bis in die jüngste Zeit vor allem in der Rinderzucht oder als Binnenfischer.

In der Saison wird im alten **Museumsbackhaus** Brot und Blechkuchen nach alten Rezepturen gebacken. Aber wenn Sie die Bäckereien nebst Kaffee probieren wollen, müssen Sie sich telefonisch ankündigen (Telefon: 225, Schlepzig, Dorfstraße 26).

An der Kahnanlegestelle beginnen Fahrten ins Naturschutzgebiet »Buchenhain«, zum Restaurant Petkamsberg oder zurück nach Lübben. Sonderfahrten sind möglich.

Schlepzig liegt am Rande des 281 Hektar großen **Naturschutzgebietes »Buchenhain«**, einem Stück unberührten Spreewaldes.
Natur pur: Wilder Hopfen, Sumpfschwertlilien, Sommerknotenblume, Moorbirken, Erlen, Eschen, Buchen, Wicken, Efeu, Buschwindröschen, Moospolster, braune Wasserlachen, brütende Schwarzstörche, ein Mückenpool.

Von den 40 in Europa lebenden Stechmückenarten werden allein 20 im Spreewald »gezählt«.

Kulinarische
Visitenkarten
des
Spree-Reviers
TOUR 4

Was macht den Spreewald stark? Pellkartoffeln, Lausitzer Leinöl und Quark. »Das wäre kein echtes Spreewaldessen, wenn nicht ein Hecht auf dem Tisch stünde«, widerspricht hier Fontane. Mit seinen Freunden genoß er ihn dereinst in der »Eiche«, einem alten Forsthaus am Wiesenrand, das immer noch Gäste empfängt. Fontane notierte nach dem Gaumenschmaus sogar das Rezept: »Das Geheimnis dieser Sauce ruht in der kurzen Formel: wenig Butter, aber viel Sahne«.

Aber: ***Was klärt den Kopp bei Mann und Frau? Saure Gurken aus Lübbenau.*** Heißt es. An der Straße am Lübbenauer Fährhafen gibt es sie. Stand an Stand, Glas an Glas, Fäßchen an Fäßchen und über allen ein dill-essig-geschwängerter Duft. Spreewälder Köstlichkeiten in allen Varianten: Gurken, zierliche, gigantische, süß, sauer, salzig, lose oder im Einweckglas. Daneben Schalotten, Kürbis, Sauerkraut…

Die Gurken haben die Spreewälder berühmt gemacht, aber die Spreewälder Küche ist mehr. Sie ist eine grüne Küche, eine Kräuterküche, eine Küche, die mit Bier köchelt. Etwa Zanderschnitte in Bierteig, Aal, Hecht, Karpfen in Biersoße.

Diese Küche bedient nicht ausschließlich die süß-sauere Geschmackspalette. Sie kennt scharfe Nuancen. Rindfleisch mit Meerrettichsoße ist eine Kreation, die in der Spreewaldgegend ihren Ursprung hatte. Andere Gerichte dieser schlichten Bauernküche heißen Kartoffelsalat mit Lauch oder nach Art der Lausitzer Weber mit Sauerrahm, Joghurt, Senf, Zucker, Meerrettich, Dill, Gurke, Ei, Tomate, Zwiebeln, Möhren, Paprika, Apfel und natürlich Kartoffeln. Oder Brotsuppe mit Apfel und Pflaumen; sorbische Brausuppe (Biersuppe); Weißbiersuppe mit Schneeklößchen; Kürbissuppe; Zwiebelsuppe; sorbische Hochzeitssuppe; Gurkensuppe; Rote-Beete-Topf mit Fleischklößchen; Schmorgurken; Fisch gebacken, als Ragout, in Aspik, grün; Kürbisgulasch; Kümmelfleisch; Meerrettichlende; Kürbisauflauf, Kürbis-Pfannenkuchen ... und natürlich Pellkartoffeln, Leinöl und Quark.

Wem diese Küche nicht behagt, der sei nicht verschreckt, heutzutage bietet eine Spreewaldspeisekarte für jeden Gaumen etwas. Und wem's nicht bekommt, dem sei der hilfreiche »Spreewald Bitter« aus sorgsam gewählten Waldkräutern empfohlen. Gut gegen Verdauungsnöte soll auch ein altes Spreewälder Geheimrezept sein: Man setze kleine Meerrettichstücke mit reinem Alkohol an und nehme im Bedarfsfall einen kräftigen Hieb von dem Mittelchen.

Wen wundert der Hang der Spreewälder zur grünen Küche? Achim von Arnim brachte es in seinen Reisebriefen so auf den Punkt: »... überall Zwiebel, Gurken, Kähne und Kuhmist. Die ganze Stadt lebt von Gärtnerei und Viehmästung ...« Und was den Fisch im Spreedelta angeht, so

Ein geheimer Rest bleibt bei den Spreewäldern immer! Besonders bei den Gewürzen.

Im Lehdener Gasthof »**Oppot**«, sozusagen gleich nebenan, wird Spreewälder Alltag serviert. Als Renner erweist sich bei den Gästen eine kalte Gurkensuppe mit Dill. Der Koch, Horst Koal, verwandelte gleich nach der Wende einen Kuhstall in ein ausgesprochen originelles Lokal. Der Name stammt von einem Kanal, der hier vorbeiführt. Reusen, Netze und Fischköpfe, eine sorbische Volkstracht dekorieren die Wände. Die Suppe (4 DM) steht eigentlich als Vorspeise in der Karte, wird aber immer öfter als Imbiß bestellt. Nicht, weil die anderen Hausmannsgerichte zu teuer wären, im Gegenteil. Das traditionelle Bauerngericht Kartoffeln, Leinöl und Quark ist beispielsweise für 9 DM zu haben, aber noch höher stehen Spreewälder Hefeplinsen (3,50 DM) im Kurs.

Wo immer Sie in Spreewaldgaststätten einkehren, können Sie sicher sein, es gibt bäuerisch-ländliche Kost. Leider werden die frugalen Mahle nicht immer sehr professionell serviert, und nicht selten bekommt man/frau es mit einer etwas stofflig-robusten Bedienung zu tun.

Wo man/frau im Spreewald essen kann:

Lübben
(Telefon-Vorwahl: 035 46)

Cartoon, Gubener Str. 9,
bietet vorzugsweise Grillgerichte
Historischer Weinkeller, E.-v.-Houwald-Damm 14,
Telefon: 407
Haus Burglehen, Am Burglehen 12,
Telefon: 7306
Spreewaldrestaurant Bukoitza, Telefon: 76 62
(nur Sommersaison)
Restaurant Steinkirchener Hof, Cottbuser Str. 16,
Telefon: 82 12
Hotel-Restaurant Spreeblick, Gubener Str. 53,
Telefon: 83 12
Spreewaldhof Wotschofska, Telefon: 76 01

Umgebung von Lübben

Zum Spreewald, 15913 Alt Zauche, Hauptstr. 24,
Telefon: 035 46-76 53 (nur Sommersaison)
Gottschalk, 15913 Kleine Leine, Lübbener Str. 6,
Telefon: 03 54 71-647
Zum Oberspreewald, 15913 Neu Zauche,
Brunnenplatz 11, Telefon: 03 54 75-468

Petkampsberg, 4 km außerhalb
von 15910 Schlepzig,
vorzugsweise Fischgerichte,
Telefon: 03 54 72-247

Zum goldenen Stern, 15910 Leipsch,
Hauptstr. 30

Spreewaldgasthof Jorbandt,
15910 Niewitz-Rickshausen, an der B 115,
Telefon: 03 54 74-714

Jagdschlößchen, 15913 Straupitz,
Cottbuser Str. 28, Telefon: 03 54 75-530

Zum Unterspreewald, Schlepzig, Dorfstraße 41,
mit Spreewaldzimmer, Telefon: 03 54 72-279

Kaisers Restaurant, 03205 Radensdorf,
Dorfstr. 45, Telefon: 035 46-76 47

Zur Linde, 159113 Wußwerk, Dorfstr. 57,
Telefon: 035 42-394

Wirtshaus zum Uhlenhof, 15913 Wußwerk,
Dorfstr. 37, Telefon: 035 42-203

Terrassencafé am See, 15913 Groß Leuthen,
Telefon: 03 54 71-749

Kranichgrund, 15913 Butzen, Hauptstr. 49a,
Telefon: 03 54 75-203

Spreewälder Hof, 15910 Neu Lübbenau,
Lübbener Str.10, Telefon: 035 42-764

Lübbenau
(Telefon-Vorwahl: 035 42)

Schloß Lübbenau, Schloßbezirk 6,
Telefon: 035 42-81 26
Zum grünen Strand der Spree, Maxim-Gorki-Str. 77,
Telefon: 24 23
Spreewaldeck, Dammstr. 31, Telefon: 28 21
Restaurant und Pension Ebusch, Topfmarkt 4,
Telefon: 36 70

Spreewald-Idyll, Spreestr. 13, Telefon: 36 73
Zum Nußbaum, Dammstr. 76, Telefon: 36 73
Hotel zum Spreewald, Bahnhofstr. 26, Tel.: 24 04

Umgebung von Lübbenau

Irmscher Bitkeller, 03229 Altdöbern,
Str. d. Einheit 11, Telefon: 03 54 34-492
Schützenhaus, Altdöbern, Weinbergsweg 11,
Telefon: 03 54 34-533
Landhotel Fuchsbau, Altdöbern, Bahnhofstr. 14,
Telefon: 03 54 34-469
Polenzschänke, 03226 Leipe (nur Sommersaison)
Telefon: 03 56 03-298
Spreewaldhotel, Leipe, Dorfstr. 20,
Telefon: 035 42-22 34
Dubkow-Mühle, Leipe,
Telefon: 03 56 03-22 97
Oppot, 03222 Lehde, An der Quodda 1,
Telefon: 035 42-28 44
Hirschwinkel, 03222 Lehde, An der Dolzke 6,
Telefon: 035 42-37 88

Burg
(Telefon-Vorwahl: 03 56 03)

Hotel Spreewaldeck, Bahnhofstr. 12, Telefon: 606
Hotel zur Bleiche, Bleichestr. 16, Telefon: 246
Hotel zur Linde, Hauptstr. 38, Telefon: 209

Ochseneck, Waldschlößchenstr. 2, Telefon: 606 67
Hotel Bleske, Dorfstr. 2, Telefon: 210
Waldhotel Eiche, Telefon: 245
Erlkönig, Burg-Kauper, Telefon: 387
Deutsches Haus, Burg-Dorf, Telefon: 321
Spreewald, Burg-Dorf, An der Hauptspree 1, Telefon: 204
Café Großmann, Bahnhofstr.1, Telefon: 287
Café Urban, Hauptstr. 39, Telefon: 448
Country Bar, Ringchaussee 93, Telefon: 361
Zum Spreewald, Ringchaussee 276, Telefon: 204
Zum Leineweber, Telefon: 611 26
Kolonieschänke, Ringchaussee 136, Telefon: 214
Sportlerheim, Jugendherbergsweg 8, Telefon: 412
Spreeperle, Am Hafen 8, Telefon: 231
Spreewaldklause, Lindenstr. 9, Telefon: 379
Waldschlößchen, Waldschlößchenstr. 29, Telefon: 409
Willischza, Willischzaweg 6, Telefon: 357

Umgebung von Burg

Friedenseiche, 03042 Branitz, An der Friedensseite, Telefon: 03 55-72 36 75
Hotel Spreewaldhof, 03096 Müschen, Telefon: 03 56-806

Kartoffelsalat mit Lauch

Man nehme: 4 gewaschene kleine Stangen Lauch ohne Grün, schneide sie in Ringe; salzen und pfeffern und 2 Eßlöffel Öl darübergießen, alles kurz ruhen lassen. Aus einem Viertelliter Sauerrahm, Salz, Pfeffer, einem Teelöffel mittelscharfem Senf und einem Teelöffel frisch geriebenem Meerrettich eine Salatsoße rühren. 500 g geschälte Pellkartoffeln in Scheiben schneiden, in die Soße geben und ein Sträußchen abgezupfte Dillblätter darüberstreuen, vermischen und 10 Minuten ziehen lassen. Indes 100 g Rauchfleisch zu kleinen Würfeln schneiden, ausbraten, zwei Zwiebeln kleinschneiden, dazugeben und dünsten. Die marinierten Lauchringe kurz darunterheben, durchschmoren, dann alles noch heiß zu den Kartoffeln geben und gut unterheben.

Sorbische Senfsteaks

4 Schweinerückensteaks à 125 Gramm waschen, salzen und pfeffern. Die Scheiben beidseitig dick mit Senf bestreichen und in heißem Schmalz in einer Pfanne goldbraun braten, herausnehmen und warmstellen. Im Bratfett 3 gewürfelte Zwiebeln, 125 g zerschnittenes Gurkengemüse und etwas Sauerkraut gut durchbraten, 1/8 Liter Fleischbrühe oder Wasser zugießen und das Gemüse bißfest garen. 1/4 Liter sauren Rahm mit einem Eßlöffel Senf, 2 frisch gehobelten Eßlöffeln Meerrettich verrühren und dem Gemüse zufügen. Unter Rühren aufkochen. Die fertige Gemüsemischung über die Steaks geben und mit Dillblättchen bestreuen.

Schmorgurken

Eine große Schmorgurke schälen, halbieren, entkernen und in fingerdicke Stücke schneiden. 1 Eßlöffel Mehl in 2 Eßlöffel Butter anschwitzen und langsam 1/8 Liter Milch einrühren. Leicht aufwallen lassen. Danach die Gurkenstücke dazugeben und bei schwacher Hitze kurz garen lassen. Mit Salz, Pfeffer, Zucker oder Essig abschmecken. Erst zum Schluß 1 Sträußchen abgezupften Dill dazugeben.

Süße Buttermilchsuppe

Buttermilch zum Kochen bringen, dann gibt man in Milch verquirltes Mehl dazu, damit die Suppe sämig wird, und schmeckt mit Zucker, Zimt, etwas Salz und, so man will, auch mit Muskatnuß ab. Einmal aufkochen und die fertige Suppe beim Servieren mit Zucker und Zimt bestreuen.

Milchzwiebeln

750 g geschälte und geviertelte Zwiebeln in einem flachen Topf in 50 g Butter glasig dünsten und mit Salz, Pfeffer und geriebener Muskatnuß würzen. 1/4 Liter Milch zugießen und das Ganze bei schwacher Hitze bedeckt garen lassen.

2 bis 3 Eßlöffel Kartoffelmehl mit einem weiteren Viertelliter Milch anrühren und mit 50 g Butter in den Schmortopf geben, unter Rühren aufköcheln und zum Schluß das Gemüse mit Zitronensaft abrunden.

Sorbische Buttermilchplinsen

Ein Drittel-Liter Buttermilch mit einem Ei, 3 Eßlöffeln Mehl und mit je einer Prise Salz und Zucker verrühren. Eine Messerspitze Backpulver dazugeben. 3 Eßlöffel frisches Leinöl mit 1 Eßlöffel gewürfeltem Rauchfleisch in der Pfanne erhitzen und anschließend darin nacheinander kleine flache Plinsen goldbraun brutzeln.

Etwas für die Vorratszeit

Eingelegter Kürbis

1 Kilo Kürbis, geschält, entkernt, zu Kügelchen ausgestochen oder gewürfelt, in einem Liter Wasser und 1/2 Liter Weinessig mit 500 g Zucker und Zimtstangen, Pfefferkörnern und 2 kandierten Ingwerknollen (in Scheiben geschnitten) 10 bis 15 Minuten garkochen. Aufpassen, daß das Fruchtfleisch nicht zu weich wird. Kürbis aus dem Sud nehmen, abtropfen lassen und in ein Glas geben. Den Sud einkochen, bis er sirupartig erscheint, dann wird er über die Kürbisstücke gegossen, mit Zellophan abgedeckt, zugebunden und kühlgestellt. Etwa 4 bis 6 Wochen sollten die Gläser so stehen, bevor sie serviert werden.

Spreewälder Gewürzgurken

3 kg Einmachgürkchen, gewaschen und abgetrocknet in einen hohen Steintopf geben. 3 bis 4 Eßlöffel Salz darüberstreuen und eine Nacht kühl stehen lassen. Danach die Gürkchen entnehmen und trockentupfen.

Zutaten vorbereiten bzw. bereitstellen:

Etwa 6 Dilldolden, fein geschnitten, 1 Teelöffel getrockneten Estragon, 300 g geschälte Perlzwiebeln, etwas frischen geschnittenen Meerrettich, Pfefferkörner, 3 bis 4 Lorbeerblätter, einige gewaschene Weinblätter, 1 Liter Wein- oder Sherryessig, 1/2 Liter Wasser, 1– 2 Eßlöffel Zucker.

Die abgetupften Gürkchen nun abwechselnd mit Dill, Estragonblättchen, Zwiebeln usw. in den Topf zurückschichten. Hin und wieder ein Weinblatt dazwischenlegen. Essig mit Wasser und Zucker gut durchkochen und über die Gurken gießen. Daraufhin den Topf abgedeckt kühlstellen. Nach etwa 10 Tagen den Sud abgießen, aufkochen und wieder über die Gurken geben. Gegebenenfalls den Vorgang nach einigen Tagen nochmals wiederholen. Dazwischen und später den Topf mit Zellophan verschließen und kühl lagern. Nach 6 Wochen sind die Gürkchen servierbereit.

Naja, und sollte es nicht klappen, ***was gibt Mut und Zorn? Alter Cottbuser Korn.***

Übrigens, all diese Leckerbissen sind für die Spreewälder unter den noch neuen marktwirtschaftlichen Umständen keineswegs nebensächlich. Man/frau hat hier für sich eine Überlebensformel entwickelt: Sie lautet: sanfter Tourismus plus edles, biologisch angebautes Gemüse, dazu ein wenig Viehzucht ist gleich wirtschaftliche Prosperität.

Mit dem Kahn im Wasser-labyrinth
TOUR 5

Stundenlang auf der Spree, ihren weitverzweigten Flußläufen oder scheinbar reglosen Fließen dahingleiten, unter sonnengesprenkelten, grünen Laubgewölben in den Gondeln mit hölzernen Sitzbänken. Die Seele in den romantischen Blickfängen verweilen lassen. Bald verliert man die Orientierung in dem Sattgrün und Gewirr kleiner und kleinster Wasserwege. Da eine Kreuzung, hier eine Schleuse, Brücken, Windungen fast zugewachsener winziger Fließe. Mit viel Geschick manövrieren die Fährleute am Heck ihrer schmalen, langen, unförmigen Holzkähne durch enge Kurven.

Im Fünf-Kilometer-Schneckentempo vorbei an einer üppigen Vegetation aus Weiden, Erlen, duftendem Holunder, Teichrosen, Wasserlilien, Kuckucksnelken, Heckenrosen, Farnen, entlang an gelben Irisfeldern und Heuschobern. Gemächlichkeit statt Rastlosigkeit. Das sollten Sie sich nicht entgehen lassen.

Fontane verglich 1854 den Spreewald, genauer das Dorf Lehde, mit Venedig, nur hier singen die Gondolieri nicht, vielmehr erzählen sie witzige oder sagenumwobene Geschichten:

Vom Teufelsspuk im Spreebett

Als vor langer, langer Zeit der Teufel mit seinem Ochsengespann das Spreebett von der Quelle her pflügte, liefen die Ochsen hinter Cottbus schläfrig und müde im Joch. Kaum zu verdenken nach den 110 Kilometern pausenloser Zottelei. Irgendwann blieben sie zum Ärger des Teufels einfach stehen. Der Leibhaftige brüllte teuflisch, doch das beeindruckte die Ochsen überhaupt nicht.

Da tobte der Höllenfürst, spie Feuer und warf seine Prügel nach den Tieren. Wie von der Tarantel gestochen rasten die

Ochsen erschrocken los. Bei dem scharfen Galopp ging das Gespann durch. Kreuz und die Quer jagten sie mit dem Pflug über Land und kamen erst weit hinter Lübben zum Stehen.

Und so bekam die Spree auf diesem Wegstück wegen der Ungeduld des Teufels kein ordentliches Flußbett, sondern muß seither durch ein Gewimmel aus 300 Gräben fließen.

(Nach: »Sagen aus Heide und Spreewald«, Domowina-Verlag, 1991)

Legende. Wahrhaftig waren es die Spreewälder, die die naturgegebene Fließlandschaft vollendeten. In heutigen Tagen werden allein über 900 Kilometer Wasserläufe künstlich geregelt.

Allerdings steht es um die Wasserqualität nicht zum besten. Unmengen organischer und mineralischer Nährstoffe gelangten besonders im Cottbuser Raum in den letzten Jahrzehnten direkt oder ungenügend gereinigt in die Gewässer. Viele natürliche Quellen sind mit den Grundwasserabsenkungen, die der Braunkohle-Bergbau verursachte, versiegt.

Die Spreewald-Vorfluter speisen derweil bis zu 50 Prozent ihrer Wasserführung aus Grubenwasser. Da allerdings viele Braunkohlentagebaue im Umland des Spreewaldes vor ihrem wirtschaftlichen Aus stehen, braucht es neue hydrologische Pläne, denn die Existenz des gesamten Spreewaldes hängt von einer hohen und reinen Wasserführung ab. So kommt es, daß man im Naturschutzgebiet wieder mehr ein naturnahes Wasserregime erhalten bzw. wiederherstellen will und mit periodischen Überstauungen einen Schutzzweck verfolgt.

Übrigens, Chroniken berichten von einem sagenhaften Fischreichtum des Spreewaldes noch im letzten Jahrhundert. Zander, Karpfen, Hechte, Barsche, Schleie, Aale ernährten täglich ganze Familien.

Heute stammen die schmackhaften Fischgerichte in den Wirtshäusern und Schänken größtenteils aus künstlichen Fischteichen, die ersatzweise entlang der Spree zwischen Lübben und Schlepzig in den letzten Jahrzehnten angelegt wurden.

Aber lassen sie sich weiter von der Idylle umfangen und von ihrem Fährmann in die Geheimnisse des Spreewaldes einweihen. Er plaudert ungefragt, mehr oder weniger gekonnt, über die 1908 gegründete Kahnfährleutevereinigung, die Lebensumstände der Spreewaldbauern und über alles, was mit dem Wasser zusammenhängt:

Vom Spreewälder Wassermann

erzählen die meisten der mythenreichen Geschichten: Zahlreich wie die Wasserläufe im Spreewald sind auch die Legenden »vom Wassermann oder Nix, der in ihnen seine Wohnung haben soll. So wie das Wasser dem Menschen Freund und Helfer sein kann, indem es Lasten trägt, reiche Fischbeute bietet und zum Bade lockt, während es im nächsten Augenblick als grimmiger Feind mit wilden Strudeln Felder, Wiesen, Häuser überschwemmt, ja sogar nach dem Leben der Menschen greift, so unberechenbar erscheint auch der Dämon des Wassers, der Nix. Er lebt wie ein Mensch. Hat gleiche Gestalt, kleidet sich gerne in Rot oder auch in eine grüne Jacke, liebt, freit und wohnt mit Weib und Kind in einer schloßähnlichen Behausung auf dem Grunde des Wassers und stirbt schließlich bei Donner und Blitz.«
(Aus: »Sagen aus Heide und Spreewald«)

Wenn Sie sich auf eine zu empfehlende lange Kahnpartie einlassen, ist es eigentlich ohne Belang, in welcher Spreewaldgemeinde Sie einen Kahn besteigen. In den letzten Jahren sind überall neue kleine Häfen entstanden.

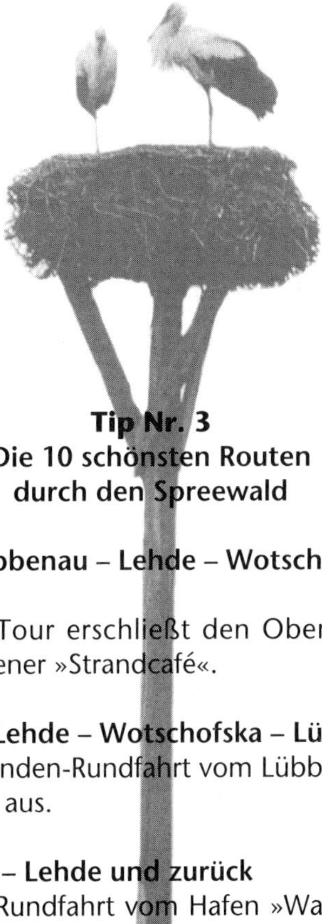

Tip Nr. 3
Die 10 schönsten Routen durch den Spreewald

1. Lübben – Lübbenau – Lehde – Wotschofska – Lübben
Die 9stündige Tour erschließt den Oberspreewald ab Fährhafen Lübbener »Strandcafé«.

2. Lübbenau – Lehde – Wotschofska – Lübbenau
Eine 4- bis 5-Stunden-Rundfahrt vom Lübbenauer Spreewaldhafen aus.

3. Burg – Leipe – Lehde und zurück
Eine 7stündige Rundfahrt vom Hafen »Waldschlößchen« aus. Burg ist idealer Ausgangspunkt, um den südlichen Spreewald genauer kennenzulernen.

4. Hochwald-Rundfahrt

Eine 2- bis 3-stündige Tour durch den Unterspreewald. Sie geht vom Kahnablegeplatz Alt Zauche, am Nordufer neben der Schleuse los.

5. Schlepzig – Groß-Wasserburg

Eine Unterspreewaldtour in 6 Stunden. Ausgangspunkt der Schlepziger Hafen vor dem »Gasthof am grünen Strand der Spree«.

6. Burg – Ortstour

Ausgangspunkt für die 4stündige Fahrt ist der Fährhafen in Burg-Dorf.

7. Lübben – Petkamsberg – Schlepzig

Die 2- bis 3-stündige Tour verschafft einen verbindenden Eindruck von Ober- und Unterspreewald und beginnt im Lübbener Fährhafen am »Strandcafé«.

8. Burg – Polenzschenke – Burg

4 Stunden vom Burger Hafen »Waldschlößchen« aus.

9. Leibsch – kleine Rundfahrt

Eine 3-Stunden-Fahrt durch den nördlichen Spreewald.

10. Lübbenau Lehde – kleine Rundfahrt

Die 2stündige Route vom Lübbenauer Spreewaldhafen ist die zumeist erwählte. Wollen Sie eine artverwandte, nicht aber eine Massenabfahrt, der kleine Hafen in Lübbenau bietet bei individueller Betreuung gleiches und mehr. Beispielsweise Lampion- und Mondscheinfahrten oder einen Überland-Anschluß per Kutsche oder Kremser.

Aber ganz gleich ist es nun doch nicht, wo Sie in den Spreewald einsteigen, denn der Charakterunterschied von Ober- und Unterspreewald ist wesentlich und nicht zuletzt deshalb sehenswert.

Im Unterspreewald

schaut das Auge während der Kahnpartien über riesige Weißmoospolster und eine sonderbar anmutende Vegetation. Im Frühling gleicht das Naturschutzgebiet Buchenhain einem zarten Teppichflor aus Buschwindröschen, Maiglöckchen, Leberblümchen, Schuppenwurz und Gelben Windröschen. Wiesen und Sumpfgebiete wechseln sich ab. Kraniche tänzeln, Bussarde kreisen. 30 Libellenarten fangen Mücken. Weiter gondelt man durch einen prächtigen Mischwald, worin hauptsächlich Rotbuchen sich entfalten.

Seltene zoologische Entdeckungen sind anzutreffen, wie Eisvogel, Schwarzstorch, Blaukehlchen, Schwarzspecht, mit etwas Glück taucht selbst ein Fischotter auf. An der Wasserburger Spree ändert sich das Bild abermals. Stimmungsvolle Wiesen öffnen links wieder den Blick, im Rücken bleibt der tiefdunkle, von wildem Hopfen umschlungene Wald. Am Ufer wachsen Pfeilkraut, Bittersüßer Nachtschatten und Sumpflilien. Die Romantik gipfelt im ersten Abenddunst, wenn Rehböcke in die bodennebelverhangenen Wiesen schreiten und Fledermäuse lautlos vorbeiflattern.

Im Oberspreewald

gerät der Kahntourist in das eigentliche Wasserlabyrinth aus kleinen und allerkleinsten, baumgesäumten Fließen des Spreewaldes. Besonders östlich von Lübben. Vom Burger Hafen »Waldschlößchen« aus schlingert man vorbei an 100jährigen Siedlungshäusern und Gehöften, üppig bewachsenen Flußläufen und blühenden Wiesenweiten. Die Seele schaut, das Ohr lauscht dem Froschkonzert, und wenn der Magen dazwischenknurrt, ufert man im »Ochseneck«, beim »Erlkönig« oder in der »Polenzschänke«. Manche Bootsleute bieten auf den haltlosen Ausflügen Schmalzstullen und spreewaldtypische Gewürz-, Pfeffer- oder saure Gurken und Getränke an.

Zwei Drittel der Fläche des oberen Spreewaldes sind Wiesenland oder, wie Achim von Arnim es nannte, »... ganz Wiese, von mehreren Armen der Spree durchschnitten ...«. Aber die Weite ist kaum auszumachen, denn die Fließe sind fast überall dicht mit Eschen, Erlen und Pappeln umstanden und erwecken den Eindruck einer waldreichen Parklandschaft. Bei Burg, Leipe, Lehde und Lübbenau passiert die Spree die Augenweiden des Oberspreewaldes.

LÜBBEN
Wuß
Altzaucher
Spree
Alt Zauche
Nordumfluter
Bürgermeisterkanal
Burg –
Spreewal
Ragower Kanalfließ
Ragow
Lübbenauer
Kanal
Mittelkanal
Hauptspree
Zerkwitzer Kanalfließ
Wehrkanal
Bürgerfließ
Berlin E55 13
LÜBBENAU
Lehder Graben
Fischerfließ
LEHDE
Leiper Graben
III.
II.
I. Freiheitskanal
Leipe
Boblitzer Kahnfahrt
Dreieck Spreewald
Boblitz
Krummes
Wehrf
Südumfluter
Groß Klessow
Radduscher Kahnfahrt
Kittlitz
Groß Lübbenau
Raddusc
Braunkohle-tagebau
Strad
E55 13
Bischdorf
Göritz

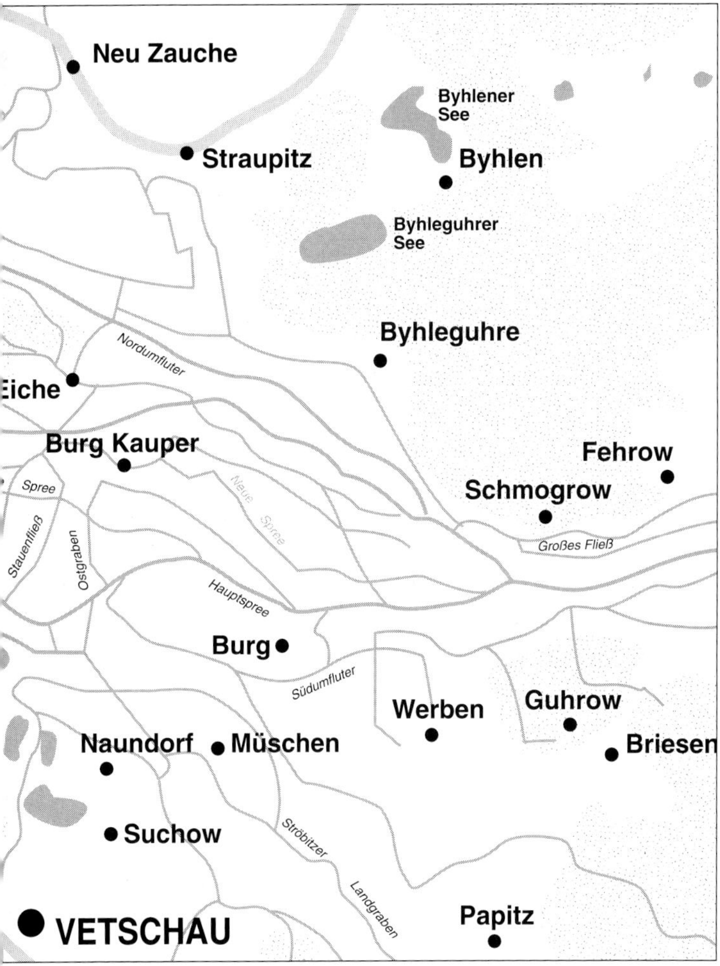

Neu Zauche
Byhlener
See
Straupitz
Byhlen
Byhleguhrer
See
Byhleguhre
Nordumfluter
Eiche
Burg Kauper
Fehrow
Schmogrow
Spree
Neue
Spree
Großes Fließ
Stauenfließ
Ostgraben
Hauptspree
Burg
Südumfluter
Werben
Guhrow
Naundorf
Müschen
Briesen
Suchow
Ströbitzer
Landgraben
Papitz
VETSCHAU

Die Schinkelkirche in Straupitz

Steinsprache
TOUR 6

Stippvisiten in Schlössern, Gärten und Kirchen

Wo auch immer Sie im Spreewald Ferien- oder Wochenendtage verleben, 70 Kilometer Länge und 16 Kilometer Breite bilden kein großes Land. Jeder Punkt, jedes Dorf, jede Streusiedlung ist schnell erreichbar und auch das Umland bietet abwechslungsreiche Momente. Die folgenden Ausflugtips zu besuchenswerten spreewaldländlichen Kulturzeugnissen können Sie womöglich inspirieren, sich auf eine ganz individuelle Entdeckungsreise zu begeben.

Der Bismarckturm in Burg

Etwa 2 Kilometer nördlich von Burg-Dorf erhebt sich auf dem sagenumringten, 62 m ansteigenden Schloßberg ein 27 Meter hoher, quadratischer Turm aus roten Klinkern. Dreigeschossig und auf jeder Ebene eine Aussichtsvariante. Der Bau begann mitten im I. Weltkrieg nach einem Entwurf des Berliner Architekten Bruno Möhring; zu DDR-Zeiten wurde er »Turm der Jugend« genannt Zwei Wendeltreppen führen in luftige Höhe, die einen weiten Rundblick über den Spreewald gestattet. Bei guter Sicht erkennt man von hier aus die Silhouetten von Lübbenau, Straupitz, Peitz und Cottbus. Geöffnet vom 1. April bis 31. Oktober. Täglich außer montags von 10 bis 18 Uhr, Telefon: 03 56 03-303

Der Burgwall von Raddusch

Der Burgwall von Raddusch gehört zu einem dichten Netz kleiner Burgwälle, die zwischen Lübben, Luckau und Calau zu finden sind. Er ist eine slawische Befestigung des Stammes der Lusizi.

Führungen durch das Flächendenkmal sind nach telefonischer Absprache unter 03 53 42-553 53 möglich. Das Spreewalddorf liegt an der B 115 und der Bahnlinie Berlin – Cottbus.

Eine modellhafte Rekonstruktion der ringförmigen Wallanlage soll demnächst in einem archäologischen Museum gezeigt werden.

Die Schinkelkirche in Straupitz

Straupitz ist das nördliche Tor zum Spreewald. Als der schwedische General von Houwald 1655 die Herrschaft Straupitz kaufte, ließ er Vorwerke in den vom Dreißigjährigen Krieg verwüsteten Dörfern Mochow und Groß-Liebitz errichten.

Das Innere der Kirche

Der Mann war also bemüht, die Menschen wieder seßhaft zu machen.

Die ursprüngliche Fachwerkkirche war den Flammen zum Opfer gefallen. Nur die Glocke, welche die Jahreszahl 1621 trägt, zeugt noch von der Existenz dieser Kirche. Die kriegerischen Zeiten verhinderten den Wiederaufbau. Doch 1658 veranlaßte von Houwald einen neuen kirchlichen Fachwerkbau mit Ziegeldach, in dessen Mitte ein kleiner Turm zum Himmel ragte. Der Standort dieser Kirche, die 1826 wegen Baufälligkeit abgerissen werden mußte, ist mit dem der heutigen nicht identisch. Sie stand in Ost-West-Richtung und nicht im rechten Winkel zur Kirchstraße.

Im Oktober 1826 schließlich wurde der große preußische Baumeister Schinkel mit den Grundrissen zu einem Neubau beauftragt. Die Kirche sollte in einem einfachen, doch würdevollem Stil für Jahrhunderte erstehen. In den Jahren 1827 bis 32 wuchs der eindrucksvolle Bau. Besonders gelungen ist die Westfassade mit ihren flach abschließenden quadratischen Türmen. Umlaufende Gesimsbänder gliedern den Bau zweiteilig. Der Innenraum ist lichtgeflutet, enorm hoch und weit. Zweistöckige Emporen. Auch die Ausstattung stammt aus der Schinkelzeit, Details aus der alten Kirche sind hier ebenfalls plaziert.

Die Schinkelkirche ist Anfang der 90er Jahre rekonstruiert worden und strahlt nun wieder in voller Pracht ins Land. Sie gilt als das architektonische Kleinod des Spreewaldes.

In Kirchnähe finden sich noch weitere klassizistische Gebäude.

Ein Nachkomme des Generals Houwald war übrigens Ernst von Houwald (1778–1845), der als Dichter der Romantik bekannt wurde.

Das ehemalige Schloß von Straupitz

Zwei Obeliske säumen den Weg in einen wildwüchsigen Park, der das im Jahre 1798 gebaute Schloß umgibt. Der einstige Sitz derer von Houwald liegt an der Straße nach Burg. Die letzten Jahre wurde das Schloß als Schule genutzt. Die aristokratischen Spuren sind längst glattem Putz gewichen. Es sind nur noch die rundgeschwungenen Gesimse und eine Freitreppe, die an die alte Herrlichkeit erinnern.

Ein graues Schloß in Vetschau

Eigentlich ist die Stadt unter dem Braunkohlenruß ein Unort für Urlauber. Doch einige Details verdienen Beachtung:

Die dichtgedrängten zweigeschossigen Barockhäuser in den Gassen der Altstadt beispielsweise oder die am Markt. Barock- und Jugendstilhäuser, teilweise renoviert, säumen den hufeisenförmigen Platz.

Zum burghaften Schloß führt eine Allee und mündet direkt ins schlichte Portal des Baus aus dem 16. Jahrhundert. Massive Mauern und Kreuzgewölbe sind Zeugnisse dieser Zeit. 1721–28 wurde das herrschaftliche Haus umgebaut. Die seinerzeit aufgesetzte Türmchenhaube zeigt Verwandtschaft mit den Türmen der beiden Stadtkirchen.

Die Werbener Landkirche

Das kleinstädtisch anmutende Spreewalddorf Werben in der Nähe von Burg besitzt eine der großen sehenswerten Landkirchen. Hier gehen sonntags die Frauen noch in Tracht zur Andacht. Das Gotteshaus ist eine spätgotische Backsteinkirche mit quadratischem Westturm, der eine Zinnenkrone mit spitzförmiger Haube aus Mauerwerk trägt.

Nicht jedes Spreewälder Straßendorf lohnt eine ausgedehnte Reise, wohl aber Spritztouren. Denn fast jeder Ort bewahrt kulturhistorisch beachtenswerte Momente: Ob im Handwerkerdorf Krausnick (B 178) die Fachwerkkirche mit barocker Turmhaube, in Neu Lübbenau (B 179) eine Kirche im geometrischen Jugendstil, in Neu Schadow ein neoklassizistisches-neugotisches Gotteshaus, in Neuendorf (B 179) eine prächtige Friedenseiche und Kaiser-Wilhelms-Eiche und Omas Reisigbackofen ... Allenthalben unterwegs Wehr- und Schleusenanlagen, Zeugnisse spreewäldischer Wasserkunst. Noch wirkt manch' Dörfchen abgetakelt und zeitvergessen, doch mit der ständig wachsenden Urlauberschar wandelt sich das Bild, bekommt die Region jährlich neue Tupfer Farbe und neue Hoffnung.

Ausflugtips in Spreewald-Nähe
Der Park Branitz

liegt unmittelbar an der südöstlichen Stadtgrenze von Cottbus und ist eine Schöpfung des weitgereisten Landschaftsgestalters Hermann Fürst von Pückler-Muskau (1785–1871).

Ein Spaziergang durch die 90 Hektar große, einzigartige Parklandschaft, mit ihrer künstlichen Wasserwelt, zwei Pyramiden und dem spätbarocken Schloß – eine Kreation des Baumeisters Gottfried Semper – ist ein faszinierendes Erlebnis. Im Schloß ist eine Sammlung von Gemälden und Zeichnungen des genialen impressionistischen Vorläufers Carl Blechen (1798–1840) zu sehen, im Marstall befindet sich ein Museum für Erdgeschichte, Tier- und Pflanzenwelt, in der Parkschmiede eine technische Schauanlage.

Fürst-Pückler-Museum, Schloß Branitz

Geöffnet:
Di–So 10.00 – 18.00
(April – Oktober)
Di–So 10.00 – 17.00
(November – März)

Schloß und Park Branitz

TAXI

**Das Branden-
burgische
Staatstheater
in Cottbus**
1908 erbaut von dem Berliner Architekten Bernhard Sehring und in den letzten Jahren liebevoll rekonstruiert, ist dieser Musentempel das größte und sicherlich schönste Spätjugendstiltheater Deutschlands.
Die meisterliche Synthese von Architektur, Kunsthandwerk, Malerei und Plastik weckt jedoch ein Pendeln der Gefühle des Betrachters – zwischen Eleganz und Protz.
Am Schillerplatz 1,
Abendkasse –
Telefon:
03 55-79 50 00

Die Spreewehrmühle von Cottbus

1801 wurde sie erstmals als Pfahlbaumühle errichtet. Heute zählt sie mit ihrer Flußlage und dem unterschlächtig getriebenen Wasserrad zu den wenigen in Deutschland noch erhaltenen Wassermühlen. 1986 wurde sie rekonstruiert. Heute ist sie technisches Denkmal. Die Spreewehrmühle befindet sich: Am Großen Spreewehr 2 und kann vom 1. Mai bis 15. Oktober besichtigt werden.

Geöffnet: Mi – Fr: 10.00 – 18.00
Sa/So: 14.00 – 18.00

Zwei Türme in Cottbus

Der **Spremberger Turm** ist das Wahrzeichen von Cottbus und stammt aus dem 13. Jahrhundert. Mit Bastei und Torhaus war er der südliche Zugang zur Stadt. 1811 wurde der Turm um 10 Meter abgetragen, 1823/25 erhielt er seine heutige Zinnenkrone nach Plänen von Karl Friedrich Schinkel.

Der **Münzturm** ist der älteste Teil der ursprünglichen Stadtbefestigung und war zugleich Münzprägestätte. Seit 1483 sollen hier die »Cottbuser Heller« geprägt worden sein.

Der Spremberger Turm in Cottbus

Muskauer Park – ein Gartendenkmal

Es gibt Leute, die meinen, dieses Naturkunstwerk im englischen Stil von Hermann Fürst von Pückler-Muskau (ab 1815 geschaffen) sei das schönste überhaupt in Deutschland. 206 Hektar Parklandschaft gehören heute noch zu Deutschland, 344 ha zu Polen. Seit 1945 führt durch Pückler-Muskaus Werk die Grenze. Auf polnischer Seite wurde das Stück Landschaft zum Naturschutzgebiet erklärt. Bevor Sie sich zu einem Spaziergang entschließen, empfiehlt es sich, ins Stadt- und Parkmuseum im Alten Schloß (Telefon: 03 57 71-352) hineinzusehen. Dort befindet sich eine Ausstellung zur Geschichte des Landschaftsgartens. Die Öffnungszeiten des Museums:
Mai bis September: Di – Fr 10 – 12 und 13 – 16 Uhr
Sa/So 10 –12, 13 – 17 Uhr
Okt. bis April: Di bis Fr 10 – 12, 13 – 16, So 13 – 16 Uhr.

Park Kromlau

Nach dem Vorbild Pücklerscher Parkgestaltung legte H. Rötschke 1842 –1860 seine Gartenlandschaft unweit von Bad Muskau an. Interessant ist besonders die Rakotzbrücke und die künstlich errichteten Basaltklippen und Grotten am Parksee.

Peitzer Teiche und ein Turm

Peitz am Ostrand des Spreewaldes ist wohl die bekannteste Karpfenstadt.

Mönche hatten hier schon im 16. Jahrhundert mit der Rasenerzgewinnung begonnen. So entstanden die ersten Teiche und Gräben. Von der Peitzer Festung aus dem 16.

Jahrhundert blieb allerdings nur ein massiver Turm. Der kann jeden 1. Sonntag im Monat von 10 – 17 Uhr bestiegen werden. In der weithin bekannten Karpfenklause sind die Fischgerichte besonders zu empfehlen. Und wenn Sie schon in der Gegend sind, unweit von Peitz, in dem Dorf Maust, ist eine neuzeitliche Öko-Blockhaussiedlung sehenswert: Keine Ausstellung, sondern rund dreißig individuelle Blockhaushäuslebauer, die dergestalt nach 1990 eine für Deutschland einzigartige Siedlung geschaffen haben.

Die Talsperre Spremberg

Die 960 Hektar große Wasserfläche ist besonders unter Surfern, Seglern und Anglern beliebt. Das Gebiet liegt südlich von Cottbus und ist über die B 97 erreichbar. Motorboote sind nicht zugelassen. Um die waldgesäumte Talsperre führt ein 18 Kilometer langer Wanderweg.

Der Rosengarten von Forst

1910 – 13 enstand diese reizvolle Parkanlage am Neißeufer. 200 Gehölze, rund 30 000 Rosen in 320 Sorten duften dort sommerwärts. Eine Festwoche wird jeweils im Juni ausgerichtet. Erreichbar über die E 36 oder B 122 östlich von Cottbus.

Heimatmuseum Luckau.

Langestr. 71. Geöffnet: Di: 9.00 – 12.00, 14.00 – 18.00 Mi – Fr: 9.00 – 12.00, 14.00 – 16.00, So: 11.00 – 16.00 Im **Zuchthaus Luckau** war von 1916–18 Karl Liebknecht inhaftiert, weil er gegen den Krieg demonstriert hatte.

Marktplatz von Luckau

Museum der Natur und Umwelt, Cottbus.

Bahnhofstr. 52. Geöffnet: Di – Do: 8.30 – 17.00, Fr: 8.30 – 12.30, Sa/So: 14.00 – 18.00

Stadtmuseum von Cottbus, Bahnhofstraße 52
Geöffnet: Di – Fr: 8.30 – 17.00, Sa/So: 14.00 – 18.00

Niederlausitzer Apothekenmuseum Cottbus.
Am Altmarkt 24. Telefon: 239 97

Sorbisches Museum, Cottbus.

Mühlenstr. 12, Telefon: 701275
Geöffnet: Di – Fr: 8.30 – 17.00, Sa/So: 14.00 – 18.00

Tierpark Cottbus.

Kieckebuscher Str. 5.
Geöffnet von 8.00 –17.30 (Mai bis September)
9.00 –15.30 (Oktober bis April).

Übrigens: Oberhalb des Tierparks und des Branitzer Parks, hinauf bis ins Herz von Cottbus wird 1995 die erste BUGA in den Neuen Bundesländern führen. Der BUGA-Kernbereich erstreckt sich über Vor-, Wiesen-, Messe- und Eliaspark.

Legende S. 130/131

1) Eliaspark – Gestaltung als Spiel-, Sport- und Freizeitbereich für jung und alt – Ausbau der Spielfelder, teilweise mit Kunststoffbelag, Wasser-Spielplatz
2) Umweltzentrum (Neubau) – Errichtung des Gebäudes als Niedrigenergiehaus mit umweltfreundlichen Baumaterialien, Demonstration von Solar- und anderen umweltfreundlichen Techniken, kleinere Vortragsräume und Foyer – auch für Ausstellungen nutzbar, kleine Gaststätte
3) Ökologischer Gärtnerstützpunkt – saniertes, denkmalgeschütztes Bauernhaus, Kräuter- und Apothekergarten, Duft- und Tastgarten, Streuobstwiese
4) Messe- und Veranstaltungszentrum (Neubau) mit Kongreßkapazitäten und Gastronomiebereich
5) Parkweiher (Neubau) – 1,2 ha großes Gewässer, Mittelpunkt des gestalteten Messeparks
6) Parkpavillon (Neubau) – multifunktioneller Veranstaltungsbereich
7) Rosengarten (Neuanlage) – terrassenförmig angelegtes Areal für Rosen und Stauden sowie Kletterpflanzen, Pergolenanlage
8) Rhododendronhain (Neuanlage), Rhododendron und Azaleen sowie Begleitstauden
9) Tertiärwald – Gestaltung eines Bereiches zur Wissensvermittlung des Themas Braunkohle (Nutzung und Folgelandschaften)
10) Spielplatz (Neuanlage)
11) Wiesenpark – Neuanpflanzungen von Baumgruppen und Frühlingsblühern, artenreiche Wiese mit Kräutern und Zwiebelgewächsen
12) Auegraben – Biologische Klärstrecke (Neubau)
13) Roteichen-Allee auf dem Spreedamm
14) Spree
15) Hermann-Löns-Steg (Neubau) – Spreeübergang für Fußgänger und Radfahrer aus der Südstadt
16) Tierpark
17) Tierpark-Parkplatz für Busse
18) Branitzer Park (denkmalgeschützt)
19) Vorpark (denkmalgeschützt) – Revitalisierung der artenreichen Wiese mit Wildkräutern und Frühlingsblühern
20) Kiekebuscher Allee – rund 130jährige Stieleichen-Allee (denkmalgeschützt)
21) Parkeisenbahn – Verlegung und Erweiterung (Haltestellen Parkplatzdreieck, Messe, Zoo und Friedenseiche)
22) Parkplatzdreieck (Neubau) am Stadtring für Busse und PKW
23) BUGA GmbH – Stadion der Freundschaft
24) Eingänge

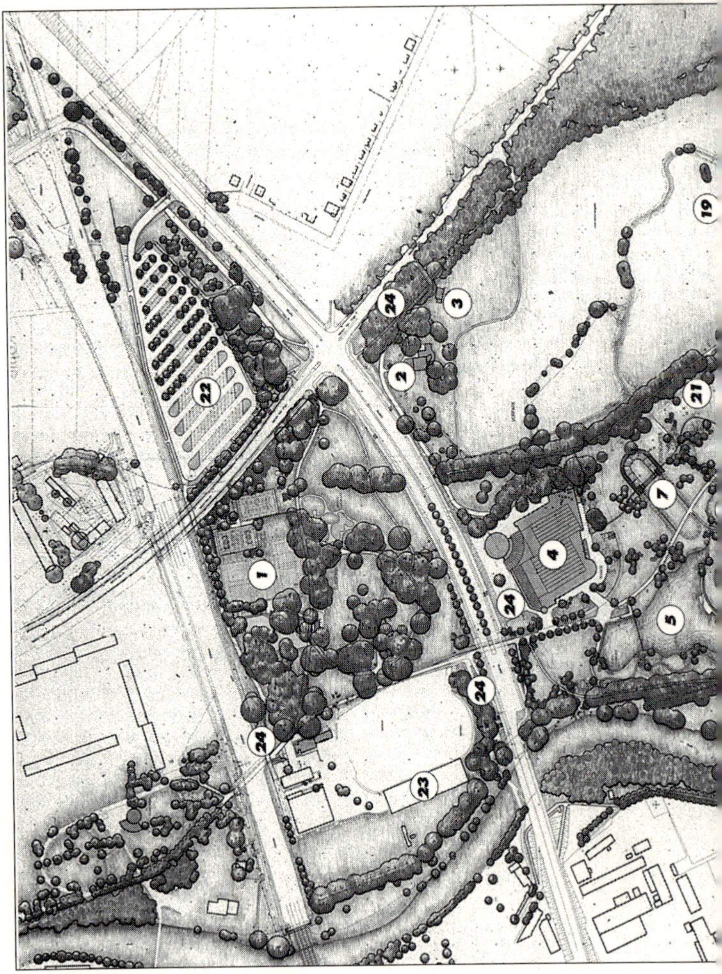

1
2
3
4
5
7
19
21
22
23
24
24
24
24

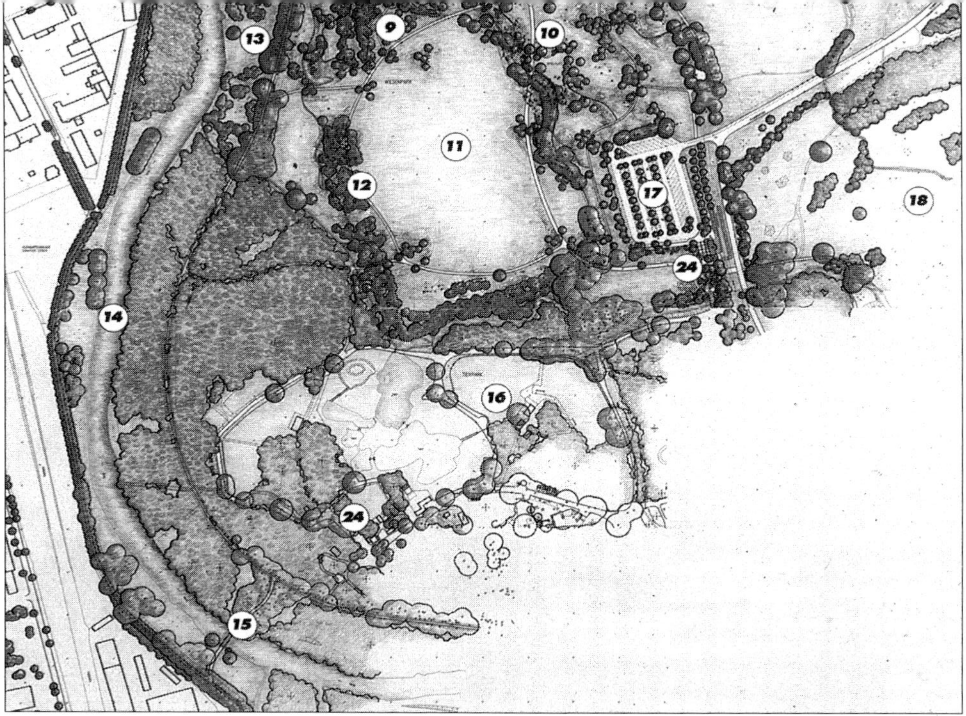

9
10
11
12
13
14
15
16
17
18
24
24

Deutschlands größtes Dorf: Burg im Spreewald

TOUR 7

Sie können getrost eine Kutsche mieten oder ein Fahrrad besteigen, wenn Sie diese Spreewaldgemeide in beschaulicher Ruhe besichtigen wollen, denn Burg umfaßt immerhin 52 Quadratkilometer und ist die größte Gemeinde Brandenburgs. Burg besteht aus den Ortsteilen Dorf, Burg-Kauper und Burg-Kolonie. Eher sollte man wohl von einem Wandergebiet sprechen, denn das Dorf ist eben mehr als die relativ lärmende Hauptstraße mit 200jähriger Kirche, einigen Gasthöfen, Festwiese und Hafen an einem Brückenwehr mit halbrunder Terrasse.

Das Dorf Burg wurde offensichtlich um 1315 zum Ort. Gelegen ist es auf einer Grundmoränenerhebung, die das mit Talsandinseln gespickte sumpfige Wald- und Wiesenumland um einige Meter überragt.

Das »Tor« zu den entlegenen Streusiedlungen von Burg-Kauper befindet sich am Wehr im Dorfinnern. Dahinter beginnen die Wege in das Speewaldwiesenland mit den so regionstypischen zylinderartigen Heuschobern, vereinzelt althergebrachten Milchkannen am Wegesrand und einsamen Gehöften. Sie thronen auf Grashügeln, den Kaupen, umringt von üppigen Gemüsegärten und knorrigem Obstgehölz, in den Niederungen weidendes Vieh. Weitläufig, waldarm die Aussicht, die Wiesen von Erlenbuschwerk durchsetzt und immer wieder von Wassergräben und Fließen begrenzt.

An der Mühlenspree, südwestlich des Dorfes lagert die Burg-Kolonie. Beide einstige Vororte verdankt das Dorf strategischen Absichten preußischer Könige.

Burg gehörte einst zu Sachsen, aber ganz in der Nähe lag enklavenhaft preußisches Land. Um dies zu stärken,

ließ Friedrich Wilhelm I. ab 1725 eiligst auf 1400 Hektar trockengelegtem Sumpfland ausgediente Soldaten und geflohene Sachsen ansiedeln. Umsonst für den, dem es gelang, sein Blockhaus in einer einzigen Nacht an anderer Stelle im Kaupergebiet zu errichten. Komplett, wofür als Zeichen am folgenden Morgen Rauch vom Herd aufsteigen sollte. Die Sorben waren von diesem Anreiz ausgenommen. Und wem das Unterfangen nicht gelang, der wurde vom Land gejagt.

Seit 1748 wird im Dorf Leinwand produziert. Für den Abnehmer Armee. Eine Leinwandfabrik entsteht und 1770 eine Bleiche. Das handwerkliche Geschick bringen 18 sächsische Weberfamilien mit, die der Monarch extra ins Land holt.

Nur zwei Namen im Ort erinnern noch an die Leineweber: das »Leineweberfließ« im Süden und das Hotel »Zur Bleiche«; das armselige Leben der von Berliner Unternehmern mit Hungerlöhnen ausgebeuteten Weber aber beschreibt ein damals entstandenes Spottlied:

Die Leineweber
(Volkslied von vor 1833)

1
Die Leineweber haben eine saubere Zunft;
harum di dscharum di schrumm, schrumm, schrumm!
fasten halten sie Zusammenkunft.
harum di dscharum di schrumm, schrumm, schrumm!

Aschgraue, dunkelblaue, schrumm, schrumm, schrumm,
mir ein Viertel, dir ein Viertel, schrumm, schrumm, schrumm.
Fein oder grob, gegessen wernse doch,
mit der Julle, mit der Spulle, mit der Schrumm, Schrumm, Schrum.

2
Die Leineweber nehmen keinen Lehrjungen an,
harum di dscharum di schrumm, schrumm, schrumm!
Der nicht sechs Wochen lang fasten kann,
harum di dscharum di schrumm, schrumm, schrumm!
Aschegraue, dunkelblaue...

3
Die Leineweber schlachten alle Jahre zwei Schwein,
harum di dscharum di schrumm, schrumm, schrumm!
Das eine ist gestohlen, und das andre nicht seins,
harum di dscharum di schrumm, schrumm, schrumm!
Aschegraue, dunkelblaue...

4
Die Leineweber haben ein Schifflein klein,
harum di dscharum di schrumm, schrumm, schrumm!
Da setzen sie die Wanzen und Flöhe hinein,
harum di dscharum di schrumm, schrumm, schrumm!
Aschegraue, dunkelblaue...

5
Die Leineweber machen eine zarte Musik,
harum di dscharum di schrumm, schrumm, schrumm!
Wie wenn zwölf Müllerwagen fahren über die Brück,
harum di dscharum di schrumm, schrumm, schrumm!
Aschegraue, dunkelblaue...

Friedrich II. knüpfte 1763 an diese Siedlungspolitik an. Südwestlich wurden dem Dorf 100 landwirtschaftliche und handwerkliche Unternehmungen verordnet. Dazu ließ Friedrich österreichische, schlesische, böhmische und wieder sächsische Zuwanderer als Kolonisten ansiedeln. Sie bekamen 18 Morgen karges Land und zudem Vorrechte: keine Naturalabgaben und die Befreiung vom Militärdienst über zwei Generationen. Die Dörfler aus Burg schauten darauf sehr neidisch.

Doch der Preis war nicht zu hoch für die hochwassergeplagten Kolonisten. Hohes Grundwasser besorgte es, daß die Früchte ihrer Äcker schon bei Regen davonschwammen. So entstand die Idee von Hochfeldern und -beeten. Emsig schaufelten jene Menschen Boden auf und errichteten zugleich unzählige kleine Gräben.

Es muß aber schon vor dieser Zeit hohe Wasser gegeben haben und Menschen, die sich rettende, künstliche Hügel schufen.

Ganz offenkundig trifft das auch für den sagenumwobenen Schloßberg in Dorfnähe zu, von dem der 27 Meter

hohe Bismarckturm erhaben ins Land schaut. Der Berg, eine ur- und frühgeschichtliche Wallanlage, ist das Zentrum sorbisch-wendischer Sagenwelt. Man erzählt sich: Der Sorbenkönig sei um die Jahrtausendwende nach langen, verlustreichen Kämpfen durch das Wasser in unwegsame Sümpfe und tiefen Wald geflüchtet. Hier habe er sich mit Hilfe des Teufels einen Holzstoß errichtet und lebte ein unrühmliches Dasein, bis Blitz und Donner ihn samt seiner Burg in den Berg versenkten.

Eines Tages aber wird er erwachen und seine Krieger wieder um sich scharen ...

Der Bismarck-turm, zu DDR-Zeiten als »Turm der Jugend« beliebt

Aber auch die einfachen Bauern haben in den Legenden ihre Helfer: die »Luchten«, das sind Zwerge, die im Erdreich leben und des nachts fleißig das menschliche Werk unterstützen.

In den Jahrzehnten nach der preußischen Siedlungspolitik blühten der Gemüseanbau und die Landwirtschaft auf. Um sich bessere technische Hilfsmittel leisten zu können und bei Mißernten bzw. in finanziellen Nöten unterstützen zu können, gründete man in Burg 1899 einen landwirtschaftlichen Verein. 95 Prozent der Mitglieder waren sorbische Kleinbauern.

Dreißig Jahre später feierten sie ihr letztes Vereinsfest »Wendischer Abend«: Unter dem Nationalsozialismus wurden die Sorben/Wenden erneut durch das Verbot aller ihrer Vereinigungen und ethnischen Feste unterdrückt. Das Regime plante obendrein, diese nationale Minderheit auszusiedeln und zu liquidieren. Das Burger Gebiet beabsichtigte Goebbels, in einen Wildpark für Elche und Wisente zu verwandeln.

Erst nach 1945 erhielt die sorbische Bevölkerung in der gesamten Lausitz ihre Rechte zurück. In der DDR konnte sorbisch als zweite Muttersprache gewählt werden, es gab in Bautzen einen eigenen sorbischen Verlag, in Leipzig ein Institut für Sorabistik und Hörfunksendungen in sorbischer Sprache. Die Domowina, 1937 von den Nazis verboten, konnte wieder als Dachorganisation für sorbische Interessen wirken.

Trotz alledem verliert sich zusehends, auch dieser Tage, das sorbische Sprachgut im Spreewald. Nur in den entlegenen östlichen Spreewalddörfern um Burg ist es noch wirklich aufspürbar.

Noch vor 50 Jahren gab es hier Familien, deren Kinder erst in der Schule deutsch lernten. Was Wunder, daß das sorbische Brauchtum in dieser Region noch in glanzvollen Ehren steht und besonders zu den Festen Touristen herlockt.

Zum herbstlichen Heimat- und Trachtenfest, zum Zampern in der Fastnacht, zum Hahnrupfen bei den spätsommerlichen Erntefesten. Wer zu anderer Zeit hier weilt, sollte sich einen der sonntäglichen Kirchgänge in den nahegelegenen kleineren Dörfchen, wie zum Beispiel **Werben** (ca. 4 Kilometer südlich von Burg), nicht entgehen lassen, wo die Frauen und Mädchen noch immer in kunstvoll bestickten Hauben, gelegentlich ganzen Trachten daherkommen.

Auch bei einem Besuch im Heimatmuseum **Dissen** (ca. 5 Kilometer westlich von Peitz, B 97) wird der Besucher in die aufwendige Trachtenstickerei und anderes sorbisches Brauchtum eingeweiht.

Nahe der Kirche in Dissen aber steht ein Denkmal für Bogumil Swejela (1873 bis 1948), der 1912 die DOMOWINA mitbegründete und siebenundzwanzig Jahre hier als Dorfpastor lebte, bis ihm die Nazis 1940 das Wort verboten und ihn vertrieben.

Wanderungen zu den Streusiedlungen von Burg-Kauper sind besonders reizvoll. Unzählige Wege führen zu den Gehöften auf den Grasinseln. Die Häuser dort sind zuweilen nur über Stege und Brücken, sogenannte Bänke, miteinander verbunden. Wechselbäder der Blicke: allenthalben Verfall auf verlassenen Höfen, allenthalben aber auch Modernisierung. Etwa ein Dutzend neue Holzbrükken schenkten die Saarländer gleich nach der Wende dem Kauper-Gebiet.

»Bänke« werden die Holzbrücken genannt, die überall von Ufer zu Ufer und Insel zu Insel gespannt sind

Ein Antiquitätenladen in Burg – Schätze aus der guten Stube armer Spreewaldbauern

Wenn Sie keine Wanderlust piekt, können Sie entlang der Ring-Chaussee bei Noack eine Kutsche mieten oder der Töpferei Piezonka am Weidenweg 15 (links von der Ring-Chaussee ab) einen Besuch abstatten. Neben der Werkstatt der Töpferin steht noch ein gepflegter Stall-Galerie-Bau, und die irdene Ware ist wirklich empfehlenswert. Wie überall im Spreewald gibt es keinerlei Probleme, ein Zimmer zu mieten oder gastlich einzukehren. Ein wahrer Schilderboom macht eher die Auswahl zur Qual.

Tip Nr. 4

Der Hafen »Waldschlößchen« in Burg-Kauper.

Dies ist zweifelsfrei der schönste Hafen des ganzen Spreewalds.

Naturgemäß können Sie von dort aus mit keiner der romantischen Routen etwas falsch machen. Alle sind hinreißend und harmonieeinflößend. Aber diese ist wohl Spitze: Die Tour zur Polenzschenke und zurück in 4 Stunden.

Es geht durch den Weidengraben, der gesäumt von Baumgruppen in die Wiesenlandschaft führt. Gelbe Teichrosen blühen auf dem ruhigen Wasser, blaue Libellen flirren zwischen Gräsern, Störche suchen nach Futter. Die Route kreuzt den Forst- oder auch Mittelgraben. Urwüchsiger wird hier das Land, romantischer, wenn Sie das Filowfließ ereichen. Linker Hand grenzt die Kernzone des Biosphärenreservats. Sie biegen in das Große Fließ ab. Die Landschaft geht von der Wiese über Pappelhaine in den Hochwald über. Mächtige Eichen und hopfenbewucherte Erlen kommen ins Bild. Am neuen Waldhotel kann gerastet werden. Dort wird eben eine neue Schleuse erbaut. Auch das alte, allerdings sehr rekonstruktionsbedürftige Forstblockhaus ist sehenswert. Weiter geht's durch die alte Schleuse 80 cm abwärts. Hier vereint sich das herangeführte Wasser der Peitzer Seenplatte als Großes Fließ mit dem Nordfließ. Nur kurz zuvor zweigt rechts das Neuzaucher Fließ ab.

An diesem Punkt beginnt der Hochwald. Das Große Fließ nennt sich jetzt Mutnitza. Dämmerlicht empfängt Sie unter dem domartigen Dach aus Laub und sagenhaftes Vogelgezwitscher. Gelegentlich sind Otter zu sichten, und am Ufer wechselt das Wild. Inzwischen begleiten Sie vielleicht ein paar Wanderer, denn parallel zu dieser Strecke verläuft der Weg zur Kannomühle. Irgendwann hält sich die Route links, entlang dem Leiper Graben , nach und nach wird der Baumbestand lichter und rechts öffnen sich wieder Wiesen und Weiden. Baum- und Buschgruppen darauf akzentuieren die güne Fläche.

In diesem stillen Moment empfängt Sie die Polenzschänke. Sie ist 1640 nach Plänen von Schinkel erbaut und die älteste Ausflugsgaststätte des Spreewaldes überhaupt. Eine Stunde können Sie anspruchsvoll und zu erschwinglichen Preisen rasten oder einen Naturbeobachtungstrip unternehmen. Zurück geht es durch urwaldähnliches Buschwerk, bis der Fährmann links in den breiten, geradlinigen Burg-Lübbener-Kanal biegt. Wieder fühlt man sich wie in einem Tunnel aus dichtem Laub, an dessen Ende schließlich die ersten Häuser von Burg auftauchen.

Im
Biosphären-
reservat
der
UNESCO
TOUR 8

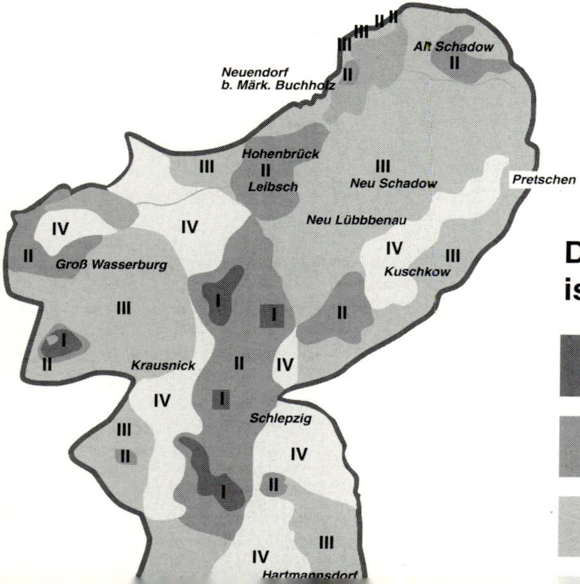

Das Biosphärenreservat Spreewald ist in vier Schutzzonen gegliedert.

Schutzzone I
Naturschutzgebiet,
Kernzone

Schutzzone II
Naturschutzgebiet,
Pufferzone

Schutzzone III
Kulturlandschaftszone

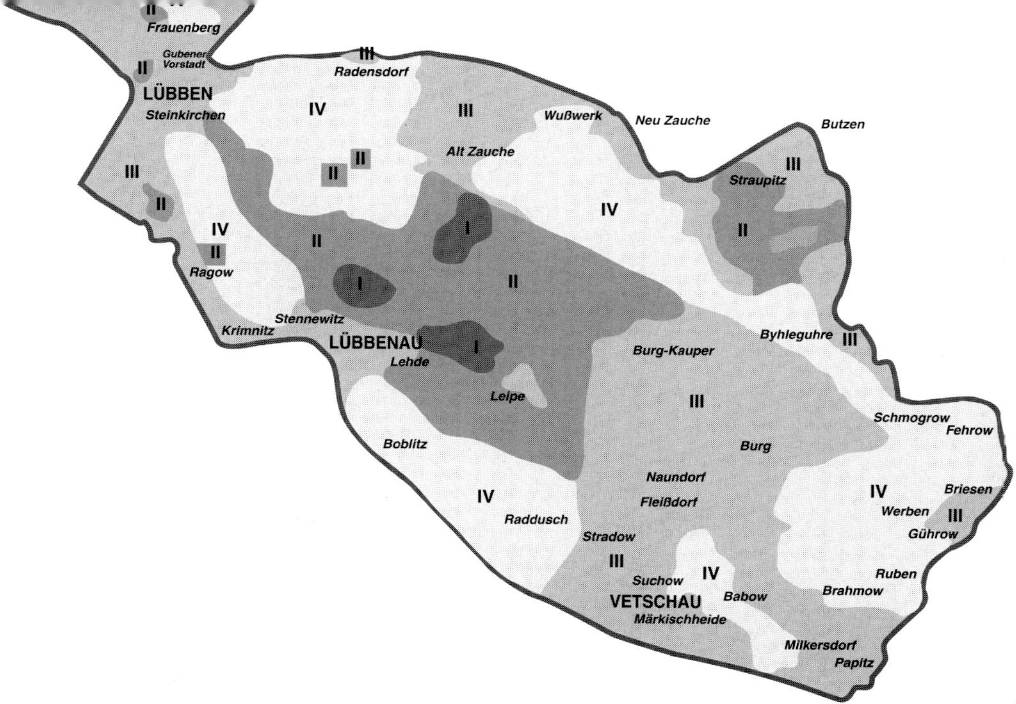
Frauenberg
Gubener Vorstadt
LÜBBEN
Steinkirchen
Radensdorf
Wußwerk
Neu Zauche
Butzen
Alt Zauche
Straupitz
Ragow
Stennewitz
Krimnitz
LÜBBENAU
Lehde
Leipe
Byhleguhre
Burg-Kauper
Schmogrow
Fehrow
Burg
Boblitz
Naundorf
Fleißdorf
Briesen
Werben
Gührow
Raddusch
Stradow
Suchow
Ruben
Brahmow
Babow
VETSCHAU
Märkischheide
Milkersdorf
Papitz

Falls es Ihnen noch nicht aufgefallen ist, Sie befinden sich in einem geschützten Naturpark. Denn der heutige Spreewald läßt nicht nur die menschliche Vorstellung von eiszeitlichen Naturgewalten entstehen, er ermöglicht auch, das jahrhundertealte kulturelle Werk der Menschen nachzuvollziehen. Diese binnenländliche Auen- und Flußlandschaft mit ihrer reichen Fauna und Flora ist ein nahezu einmaliges europäisches Beispiel seiner Art. Um es vor Zerstörung zu bewahren und nachwachsenden Generationen zu erhalten, verabschiedete die letzte Volkskammer der DDR, wenige Tage vor der Deutschen Einheit, ein Nationalparkprogramm, welches unter anderem auch diese Region fortan vor zerstörerischen Eingriffen sichert.

Am 12. September 1990 nahm die UNESCO den Spreewald, gegliedert in Ober- und Unterspreewald, in die Liste ihrer Biosphärenreservate auf. Seither werden 48 460 Hektar Wiesen, Wälder, kleinflächige Horst-Äcker und das 971 Kilometer lange Fließgewässer ökologisch betreut. Die Bewohner sind dadurch nicht beeinträchtigt, im Gegenteil. Sie nutzen und gestalten diese Landschaft weiter, wie sie es immer schon mit ihrer naturnahen Landwirtschaft getan haben.

Die Anfänge des bewußten Naturschutzes reichen bis zur Jahrhundertwende zurück. 1909 untersagte es beispielsweise die Preußische Regierung, Reklameschilder und andere die Landschaft verunstaltende Aufschriften oder Abbildungen im gesamten Spreewaldgebiet anzubringen. (Höchste Zeit, dieses Verbot wieder in Kraft zu setzen!)

1938 wurde der Kriegbusch mit 230 Hektar als Brutgebiet seltener Vogelarten unter Naturschutz gestellt. Die Waldgebiete Groß-Wasserburg, Buchenhain, Börnischen, Biebersdorfer Wiese und einige Waldwiesen sind seit 1961 geschützt. Auch Forschungsthemen wurden schon vor der Reservatsgründung formuliert, wie die Dokumentation der Flora und Avi-Fauna, des Pflanzen- und Vogelbestandes des Spreewaldes und anderes mehr, was in heutigen Tagen fortgeführt wird.

Seit 1990 wurden tote Altarme der Spree wieder angeschlossen, wilde Müllkippen kartiert, kleine Dorfdeponien entsorgt und abgefahren, Kunsthorste für Schwarzstörche errichtet und Alleen-Nachpflanzungsprogramme aufgelegt. Es gibt inzwischen Artenschutz für Weißstörche, Fischotter, Fisch- und Seeadler. Dies sind einzelne Momente des Naturschutzprogrammes, auch die Erhaltung von Trockenrasenbiotopen und wertvollen Feuchtwiesen, Orchideenwiesen, einem Kranichrastplatz und Brutbiotopen der Wiesenvogelwelt gehören dazu.

Geforscht wird im Reservat derzeit zu folgenden Themen: Vorkommen von ausgewählten organischen Chemikalien; Beschaffenheit der Böden, umwelttoxikologische Untersuchungen an Erlenblättern und Wild, ökologisch-avifaunistische Untersuchungen.

Es werden naturschützende Leitlinien für das Biosphärenreservat erarbeitet, eine Biotopkartierung, Analyse der Tourismusentwicklung. Darüber hinaus entsteht ein Beobachtungsnetz für ausgewählte Fische, Wirbellose, Otter, und der Bestand von Fledermäusen und Kleinsäugern wird erfaßt.

Die Landschaftspflege im Naturschutzgebiet zielt darauf, natürliche Prozesse, beispielsweise die Niedermoorbildung, periodische Überschwemmungen und den freien Bodenwasserstrom, die zusammen erst den Spreewald ermöglichten, insofern zu reaktivieren, daß die typische Flora und Fauna erhalten bleibt.

Einblicke in das Konzept des Biosphärenreservats kann sich der interessierte Gast an verschiedenen Orten des Spreewaldes verschaffen. Zum Beispiel hier:

- Besucher- und Informationszentrum in der ehemaligen Schule Lübbenau;
- Stationsgebäude der ehemaligen Försterei am Rande des Naturschutzgebietes Oberspreewald;
- Bauernhof »Spreewaldhof« in Burg;
- Besucher- und Informationszentrum in der ehemaligen Mühle von Schlepzig;
- Feldstation in einem ehemaligen Schöpfwerk am Südrand des Naturschutzgebietes Oberspreewald;
- Feldstation in einem Stauwärterhaus an der Wehranlage Leipsch (Gemeinde im Unterspreewald, B 179).

Wenn Sie also einen Spaziergang mit einem kleinen Bildungstrip verknüpfen möchten, sind diese Orte gerade richtig. Übrigens kommen jährlich neue Info-Punkte dazu. Wenn keiner der aufgezählten auf Ihrem Weg liegt, fragen Sie einfach im nächsten Fremdenverkehrsverein nach Neugründungen.

Das Biosphärenreservat hat an der Straße nach Straupitz, unweit des Bismarckturms, auch einen Arznei- und Gewürzpflanzengarten angelegt, den **Burger Pflanzgarten**. Er gibt einen Einblick in die Vielfalt Spreewälder Bauern-Gartenpflanzen.
Führungen finden dort in der Saison jeden 1. und 3. Sonntag und nach Voranmeldung (Tel. 03 56 03/606 54) statt.

Das Prinzip des sanften Tourismus im Spreewald braucht ein wenig Einsicht seiner Besucher.

Was Sie deshalb unbedingt wissen sollten:
Mit Biosphärenreservaten verfolgt die UNESCO drei bedeutsame Anliegen: Natur soll erhalten, erforscht und ihre Veränderungen durch menschliche Tätigkeit sollen beobachtet werden. Die geschützten Gebiete des Spreewaldes sind in vier Zonen gegliedert:

I Kernzone des Naturschutzgebietes,
II Pufferzone,
III Kulturlandschaftszone,
IV Sanierungszone.

Spreewälder Bauerngarten

Was verbirgt sich hinter der Einteilung?

Die **Kernzone** trägt den höchsten Schutzstatus. Die neun kleinen Gebiete werden nicht bewirtschaftet und bleiben völlig ihrer natürlichen Dynamik überlassen. Jeglicher Zutritt ist untersagt.

Die **Zone II** wirkt wie ein Puffer gegen schadhafte Einflüsse auf die Kernzone. In dieser Pflege- und Erhaltungszone wird vornehmlich landschaftstypische Vielfalt gehegt und spezieller Schutz für seltene Tiere und Pflanzen gewährleistet.

In der **Kulturlandschaftszone** verbinden sich Schutz und Nutzung der Natur mit kulturellen Traditionen zu einem harmonischen Ganzen. Schonendes Wirtschaften bewahrt das über Jahrhunderte gewachsene Landschaftsbild. Es sind weite Gebiete, die besonders landschaftlich reizvoll sind und wegen ihres hohen ästhetischen wie kulturellen Wertes viele Touristen anziehen.

Die **Sanierungszone** bezeichnet Regionen, die durch Bewirtschaftung in den zurückliegenden Jahrzehnten beschädigt sind. Sie sollen sich durch gezielte ökologische Maßnahmen wieder regenerieren, um langfristig an das Niveau der Zonen II und III heranzuwachsen.

Wenn Sie Naturkunde als ein touristisches Angebot verstehen, werden Sie folgende schützende Regeln nicht als Gängeleien empfinden:

Spielregeln für jeden Besucher

Verhaltensregeln für den Schutz von Flora und Fauna befinden sich auf Verbots- oder Hinweisschildern.

Im Biosphärenreservat sind insgesamt **23 Naturschutzgebiete** ausgewiesen. Bewegen Sie sich dort bitte nur auf den gut markierten Wasser- und Wanderwegen. Kraftfahrzeuge, auch motorbetriebene Wasserfahrzeuge, sind hier nicht erlaubt. Baden, segeln oder surfen Sie nur an den dafür freigegebenen Stellen. Es sind wirklich genug Wasserräume dafür offen.

Um wildlebende Tiere nicht zu stören oder zu gefährden, sind Hunde an der Leine zu führen. Und der spezielle, eigentlich wohl selbstverständliche Beitrag des Reisenden zur Landschaftspflege ist dieser:
Werfen Sie keine Abfälle weg und entzünden sie kein Feuer!

Lassen Sie sich auf diese kleinen Einschränkungen ein, begeben Sie sich in ein Naturschauspiel, das Ihnen Harmonie und Raritäten bietet.

Im Reservat zu entdeckende geschützte Tiere und Pflanzen

Säugetiere
Fischotter
Großes Mausohr
Großes Langohr
Große Bartfledermaus
Zweifarbfledermaus
Großer Abendsegler
Breitflügelfledermaus
Rauhautfledermaus

Insekten und Schmetterlinge
Asiatische Keiljungfer
Grüne Keiljungfer
Blauflügel-Prachtlibelle
Taumel- und Gelbrandkäfer
Schilf- u. Rohrkäfer
Eichenbock-Eremit
Hirschkäfer
Adlerfarmfalter
Goldenes C
Flußampfer- und Dukatenfalter

Vögel
Schwarzstorch
Fischadler
Seeadler
Kronweihe
Kranich
Wiedehopf
Weißstorch
Bekassine
Eisvogel

Rundmäuler / Weichtiere
Quappe
Barbe
Bitterling
Schlammpeitzger
Bachneunauge
Flußkugelmuschel
Erbsenmuschel
Längliche Sumpfschnecke
Hohe Federkiemen-
schnecke

Lurche und Kriechtiere
Kammolch
Rotbauchunke
Laubfrosch
Kreuzkröte
Wechselkröte
Glattnatter
Seefrosch
Zauneidechse
Ringelnatter

Pflanze
Lauch-Gamander
Sumpf-Platterbse
Langblättriger Ehrenpreis
Sonnentauarten
Sumpf-Weichwurz
Bärlappe
Wintergrünarten
Büschel-Gipskraut
Grünblütiges Leimkraut
Berg-Haarstrang
Sand-Tragant
Wiesenküchenschelle
Königsfarn
Wald-Geißblatt
Helm-Knabenkraut
Breitblättriges Knaben-
kraut
Großes Zweiblatt
Sumpf-Stendelwurz
Sommerknotenblume
Zwergwasserlinse

Vorab die Binsenweisheit: Das Leben geht einfach weiter. Leute benennen Straßen um, bekommen neue Telefonnummern, ändern ihre Öffnungszeiten, gründen ein neues Geschäft oder machen Pleite... Insofern müssen beinahe alle nachstehenden Angaben ohne Gewähr bleiben. Sollten Ihnen Veränderungen ins Auge stechen, der Verlag ist für jede Mitteilung dankbar.

15913 Alt Zauche
Telefon-Vorwahl: 035 46

- **Bootsverleih/Kahnfahrten/Fahrradverleih**
  Volkmar Baier, Siedlungsstraße 5a

- **Essen & Trinken**
  Gasthof Hempel, Hauptstr. 24
- **Kahntouren, Reiten und Kutschfahrten**
  über Fremdenverkehrsverein, Hauptstraße 4,
  Telefon: 76 43
  Abfahrtsstelle für Kahnfahrten: Nordumfluter
  Axel Brodack, *Telefon* 26 52
  Ausschließlich Kahnfahrten:
  Peters Kahnfahrten, Teichert, Hauptstr. 17,
  Telefon: 76 31
  Eckhard Jentsch, Hauptstr. 20, Telefon: 26 22
- **Zimmer**
  Gasthaus Zum Spreewald, Hauptstr. 24,
  Telefon: 76 53
  Privatquartiere über Fremdenverkehrsverein

03096 Burg
Telefon-Vorwahl: 03 56 03

- **Baden**
  Kleiner Badesee
- **Bismarkturm**
  An der Straße nach Burg-Straupitz, *Telefon:* 303
- **Bootsverleih**
  Verleih Broddack, Burg-Dorf, an der Straße nach Byhleguhre
  Verleih Kohlisch am Hotel Zur Bleiche
  Verleih Rainer, Koloniestr. 278, *Telefon:* 341
  Verleih Rehnus, Waldschlößchenweg 185, *Telefon* 366
- **Burger Rumpelguste** ab Hotel Bleske, *Telefon:* 701 33
- **Burger Pflanzgarten**, Führungen in der Saison jeden 1. und 3. Sonntag um 14.00, *Telefon:* 606 54
- **Essen & Trinken**
  Bordmanns Scheune, Koloniestr. 22, *Telefon:* 257
  Country Bar, Dorfstr., *Telefon:* 361
  Café Duch, Am Hafen 4, *Telefon:* 435
  Deutsches Haus, Dorfstr., *Telefon:* 321
  Erlkönig, Kauper Nr. 208, *Telefon:* 387
  Gaststätte Eiche, nahe Hochwald, *Telefon* 245
  Hotel Bleske, Dorfstr., *Telefon:* 210
  Polenz-Schänke, von der Ringstraße aus Wegweiser, Telefon 298
  Spreeperle am Hafen I, *Telefon:* 343
  Spreewaldklause, Ringsstr., *Telefon:* 321
  Waldschlößchen am Hafen II, *Telefon:* 498
  Zur Linde, Dorfstraße, *Telefon:* 209

Zur Spreewaldbahn, Erlebnisbahnhof,
Am Bahndamm 2, *Telefon:* 603 18

- **Fahrradverleih**
  Fahrrad Schmidt, Bahnhofstr.17, *Telefon:* 376
  Hotel zur Bleiche, Ringchaussee 250
- **Infos**
  Fremdenverkehrsamt, Am Hafen 1, *Telefon:* 417

- **Kahnfahrten**
  Hafen I in Burg-Dorf an der Mühle, *Telefon:* 417
  Hafen II in Burg-Kauper am Waldschlößchen, *Tel.:* 536
- **Reiten, Kutsch- und Kremserfahrten**
  Jürgen Noak, Ringchaussee 62, *Telefon:* 551
  Kurt Dirlack, 1. Koloniestraße 24, *Telefon:* 404
- **Wandern mit der Naturwacht**
  Touren per Fahrrad oder zu Fuß, Anfragen in Burg, Ringchaussee 274 bei der Naturwacht, *Telefon:* 255 oder im Fremdenverkehrsbüro
  Wanderstützpunkt Burg, Jugendherbergsweg 8, *Telefon:* 225
- **Zimmer**
  Hotel Bleske, Dorfstr. 2, *Telefon:* 202
  Hotel zur Bleiche, Bleichstr. 6, *Telefon:* 246
  Hotel zum Leineweber, Am Bahndamm 2, *Telefon:* 226 22
  Hotel zum Stern, Burgstr. 1, *Telefon:* 703 62
  Landgasthof Ochseneck, Waldschlößchenstr. 2, *Telefon:* 606 67
  Jugendherberge Burg, Dorfstr. 220, *Telefon:* 225

Pension Willischza, Willischzaweg 54, *Telefon:* 444
Schullandheim, Am Bismarkturm 191, *Telefon:* 358
Waldhotel Eiche, *Telefon:* 245
Wanderstützpunkt, Jugendherbergsweg 8, *Telefon:* 225
Zum Erlkönig, Erlkönigweg, *Telefon:* 387
Zur Linde, Hotel, Dorfstr. 2
Zum Spreewaldeck, Bahnhofstr. 12, *Telefon:* 606 76

15913 Byhleguhre
Telefon-Vorwahl: 03 54 75

- **Baden**
  Byhleguhrer See
- **Discothek**
  Echt Kastanienhof (Mi – Fr), *Telefon:* 454
- **Zimmer**
  Jugendherberge »Haus am See«, *Telefon:* 218
  Privatquartiere
- **Reiten, Kutsch- und Kremserfahrten**
  Pferdehof Wehlan, Mühlendorf 1, *Telefon:* 590
  Siegfried Jerol, Mühlendorf 13, *Telefon:* 432

03096 Dissen
Telefon-Vorwahl: 03 56 06

- **Essen & Trinken**
  Gaststätte Beyer
- **Heimatmuseum** in der ehemaligen Dorfschule,
  Di 9 – 13, Mi/Do 9 – 12 und 13 – 16, Sa 14 – 17 Uhr,
  Telefon: 365

15910 Groß Wasserburg
Telefon Vorwahl: 03 54 73

- **Camping und Baden**
  in der Nähe am Neuendorfer See. Der Naturzeltplatz verfügt über Boots- und Fahrradverleih
- **Essen & Trinken**
  Zum Unterspreewald
- **Kahnfahrten**
  Abfahrt ab Kahnfährhafen Kannomühle – Horst Zech, Dorfstraße
- **Zimmer**
  über Gemeindeverwaltung, Dorfstr. 6,
  Telefon: Neu Lübbenau 357

03222 Lehde (Ledy)
Telefon-Vorwahl: 035 42

- **Bootsverleih**
  Verleiherin Gerlach, An der Giglitza 3
- **Essen & Trinken**
  (siehe Tour 4)
- **Freiluftmuseum,** *Telefon:* 26 82
- **Zimmer**
  Privatquartiere über das Fremdenverkehrsamt in Lübbenau

15910 Leibsch (Lubus)
Telefon-Vorwahl: 03 54 73

- **Essen & Trinken**
  Café Rustikal, *Telefon:* 602
  Gaststätte Kurzner, *Telefon* 777
- **Fahrradverleih** im Shop von Monika Kube
- **Infos**
  Gemeindeamt Leibsch, Hauptstr. 21, *Telefon:* 767
- **Kahnfahrten**
  Ewald Büttner, Hauptstr. (Touren nach Vereinbarung), *Telefon:* 753
- **Kutschfahrten**
  Günter Kaatsch, Hauptstraße 12
- **Zimmer**
  Gaststätte Kutzner, *Telefon:* 777
  Hotel Goldener Stern, Hauptstr., *Telefon:* 751
  Pension Spreewaldtor, *Telefon:* 602
  Pension Spreeblick, *Telefon:* 534
  Zimmernachweis über Gemeindeamt

03226 Leipe (Lipie)
Telefon-Vorwahl: 035 42

- **Essen & Trinken**
  Spreewald Hotel Leipe, Dorfstr. 22, *Telefon:* 22 34
  Zum Schlangenkönig
- **Zimmer**
  Dubkau Mühle, *Telefon:* Lübbenau 22 97
  Spreewald Hotel, *Telefon:* 22 34

15907 Lübben
Telefon-Vorwahl: 035 46

- **Bootsverleih**
  Gebauer, Inh. Frau Goll/Frau Bergmann, Lindenstraße, gegenüber dem »Strandcafé«, von Ostern bis Oktober: wochentags von 9 – 18, wochenends von 9 – 19
- **Essen & Trinken**
  siehe Tour 4
- **Fahrradverleih**
  K.-H. Oswald, Am Frauenberg 6, *Telefon:* 40 63
  und beim Fremdenverkehrsverein, Lindenstraße 14, *Telefon:* 30 90
- **Filmtheater**
  »Spreewaldlichtspiele«, Poststraße 11, *Telefon:* 70 68
- **Fundbüro**
  Senatsverwaltung, Bahnhofstr. 31–32, *Telefon:* 791 08
- **Kahnfahrten**
  Fährmannverein, Ernst-von-Houwald-Damm, *Telefon:* 71 22, Abfahrt Gaststätte »Strandcafé«, täglich ab 9.00 Uhr, ca. 30 Fährleute
  Fährgemeinschaft Berste, Ansprechpartner Eckehard Gatzke, Spielbergstr. 32a, *Telefon:* 32 34, Abfahrt Lübbener Gymnasium/Berliner Chaussee,
  Flottes Rudel, *Telefon:* 41 97, Abfahrt: Wasserwanderhafen
- **Museen/Kirchen**
  St. Trinitas Lübben, Am kleinen Hain 28, Gottesdienste: Sa. 17.30 Uhr, So. 10.00
  Schloßturm Lübben, Ernst-von-Houwald–Damm,

Besichtigung des Wappensaals und Eheschließungszimmer Di – So von 10 – 12 und von 14 – 17 Uhr, zudem ständig wechselnde Ausstellungen

- **Service**
  ADAC-Straßendienst, Auto-Werner,
  Bergstr. 12, *Telefon:* 40 00
- **Stadtführungen**
  Anmeldung im Schloßturm,
  Ernst-von-Houwald-Damm,
- **Zimmer**
  Hotel am Hain, Bahnhofstr., *Telefon:* 31 40
  Hotel Spreeblick, Gubener Str. 53, *Telefon:* 32 78
  Hotel Steinkirchener Hof, Cottbuser Str. 16,
  Telefon: 82 12
  Hotel Spreeufer, Hinter der Mauer 4, *Telefon:* 80 03
  Kaffee Schulze, Nostalgisches Restaurant und Pension,
  Bergstr. 3a, *Telefon:* 34 14
  Gasthof Lindengarten, Lübben/Treppendorf, Nr. 15,
  Telefon: 41 72
  Spreewaldpension, Lubolzer Weg 8, *Telefon:* 45 72
  Jugendherberge »Zum Wendenfürsten«,
  Zum Wendenfürsten 8, *Telefon:* 30 46
  Pension Birkengrund, Postbauten 1, *Telefon:* 30 14
  Pension Pilzheide, Kimpernweg 1a, *Telefon:* 81 96
  Privatquartiere über Fremdenverkehrsverein

03222 Lübbenau
Telefon-Vorwahl: 035 42

- **Autoverleih**
  Verleih Buchbinder, *Telefon:* 31 53
- **Bootsverleih**
  Verleiher Franke, Dammstr. 72, *Telefon:* 27 22
  Bootshaus Kaupen, Kaupen 1, *Telefon* 27 50
  Verleiherin Hannemann, Am Wasser 1, *Telefon:* 36 47
  Verleih Petrick, Am Campingplatz, *Telefon:* 36 20
- **Discothek**
  Holzoper, Straße des Friedens
  Jugendklub Grotewohlstraße, Di – Fr, *Telefon:* 33 64
- **Essen & Trinken**
  siehe Tour 4
- **Freibad**
  Straße des Friedens, vom 15. Mai bis 15. September,
  Telefon: 25 60
- **Fundbüro**
  Stadtverwaltung, Am Kirchplatz 6, *Telefon:* 820
- **Infos**
  Fremdenverkehrsverein Lübbenau und Umgebung
  Ehm-Welk-Str. 15, *Telefon:* 36 68
- **Kahnfahrten**
  Genossenschaft der Kahnfährleute, Dammstr. 81,
  Abfahrt am Hafen neben dem Schloßbezirk,
  Telefon: 22 25
  L&S Lübbenauer Spreewaldfahrten, Gerbergasse 2,
  Telefon: 23 18
  Kahnfährmannsverein der Spreewaldfreunde e.V.,

Abfahrt »Am Spreeschlößchen«, Kleiner Hafen,
Telefon: 832 93
Frank Richters Kahnfahrten, Dammstr. 76,
Telefon: 36 73

- **Museen/Kirchen**

Spreewaldmuseum Lübbenau/Lehde – Regionalmuseum
Schloßbezirk Lübbenau, *Telefon:* 24 72
Gerichtskanzlei, Ausstellung über historische Entwicklung des Spreewaldes
Kunstausstellungen in der Orangerie
Bahnhallen-Museum zur Alten Spreewaldbahn, Zeugnisse der Verkehrsgeschichte
Nikolaikirche, in der Hauptsaison täglich geöffnet

- **Schwimmhalle/Sauna**

Werner-Seelenbinder-Str., *Telefon:* 24 68

- **Zimmer**

Hotel Spreewaldblick, Dammstr. 31, *Telefon:* 89 01 10
Hotel Schloß Lübbenau, Schloßbezirk 6, *Telefon:* 81 26
Lübbenauer Hof, Ehm-Welk-Str. 20, *Telefon:* 831 62
Pension zum Brauhaus, Brauhausgasse 2, *Telefon:* 21 26
Pension Meyer, Ehm-Welk-Str. 8, *Telefon:* 412 29
Pension Nopper, Bergstr. 11, *Telefon:* 26 61
Motel, Lübbenau/Boblitz, An der B 115,
Telefon: 43 21 12
Pension Spreewald-Idyll, Spreestr. 13, *Telefon:* 22 51
Privatquartiere über Fremdenverkehrsverein

15913 Neu Zauche (Nowa Niwa)
Telefon-Vorwahl: 03 54 75

- **Essen & Trinken & Zimmer**
  Zum Oberspreewald, Brunnenplatz 11, *Telefon:* 468
  Zur Spreewaldbahn
- **Infos**
  Fremdenverkehrsverein »Oberspreewald-Nord e.V.«
  Telefon: 468
- **Kahnfahrten**
  Fremdenverkehrsverein Neu Zauche,
  Info-Punkt: Gasthaus »Zum Oberspreewald«,

15910 Schlepzig
Telefon-Vorwahl: 03 54 72

- **Boots- & Fahrradverleih**
  Verleih im Schullandheim, Dorfstr. 26, *Telefon:* 288
- **Essen & Trinken**
  Zum Unterspreewald, Dorfstr. 41, *Telefon:* 279
  Petkamsberg (vier Kilometer auswärts), *Telefon:* 247
  Zum Grünen Strand, Dorfstr. 53, *Telefon:* 202
- **Infos**
  Tourismusinformation »Unterspreewald«, Dorfstr. 26,
  Telefon: 225
- **Kahnfahrten**
  Fährmannsverein »Unterspreewald« Schlepzig
  Anzusprechende Fährmänner:
  Erwin Andeck, Dammstr. 3, *Telefon:* 382
  Werner Lehmann, Dammstr. 4, *Telefon:* 239

- **Museen/Kirchen**
  Bauernmuseum, Dorfstr. 26, *Telefon:* 225
  Geöffnet von April bis Oktober, Di – Fr 9 – 17, Sa 10 – 17, So u. Feiertage 10 – 16 Uhr
- **Reiten & Kutschfahrten**
  Bernd und Andreas Schulz, Dorfstraße 42
  Pferdehof Weiher, Krausnicker Straße 8
- **Thematische Wanderungen für Jugendliche**
  Landschulheim, Dorfstr. 36, *Telefon:* 288
- **Zimmer**
  Landgasthof Zum grünen Strand, Dorfstr. 53, *Telefon:* 202
  Landschulheim, Dorfstr., *Telefon:* 288

15913 Straupitz (Tsupc)
Telefon-Vorwahl: 03 54 75

- **Essen & Trinken**
  Eiscafé Vase
  Kastanienhof in Byhleguhre, Dorfstr. 9
- **Fahrradverleih**
  Roland Haupt, Lübbener Str. 45, *Telefon:* 447
- **Infos**
  Fremdenverkehrsverein, Kirchstr. 11, *Telefon:* 233
- **Kahnfahrten**
  Fremdenverkehrsverein Straupitz, Kirchstraße 11, *Telefon:* 210, Abfahrt: Straupitz-Buschmühle
- **Kutschfahrten**
  Greulich, Kirchstr. 25, *Telefon:* 254
  Fritz Kasprick, Lübbener Str. 19,

Jerol, Lübbener Str. 25
Heinz Tamaschke, Lübbener Str. 25, *Telefon:* 332

- **Museen/Kirchen**
  Josef-Kirche, Friedhofsweg 3,
- **Zimmer**
  Spreewaldpension Winzer, Lübbener Str. 28,
  Telefon: 532
  Pension Veronika, Kirchstr. 8, *Telefon:* 696

03226 Raddusch (Radus)
Telefon-Vorwahl: 03 54 33

- **Essen & Trinken**
  Gasthaus Spreewaldkrone, Dorfstr. 13, *Telefon:* 30 74
  Dillgurke – das total schräge Gasthaus, Dorfstr. 24,
  Telefon: 24 58
- **Kahnfahrten**
  Kahnfährgemeinschaft, *Telefon:* 30 27
- **Reiten & Kutschfahrten**
  Dietmar Possek, Dorfstr. 48, *Telefon:* 30 27
- **Zimmer**
  Hotel Landhaus im Spreewald, Dorfstr. 24,
  Telefon: 24 58
  Pension Halbedel, Görlitzer Weg 4
  Privatquartiere über Gemeindeverwaltung,
  Telefon: 30 27

03226 Vetschau (Vetosow)
Telefon-Vorwahl: 03 54 33

- **Essen & Trinken**
  Altes Brauhaus, Richard-Hellmann-Str., *Telefon:* 30 63
  Bahnhofsrestaurant, *Telefon:* 20 32
  Gasthaus Kastanienhof, Stradower Weg 46, *Tel.:* 30 95
  Ratskeller am Markt
  New Jork, Richard-Hellmann-Str., *Telefon:* 21 23
  Zum Goldenen Stern, Cottbuser Str. 1, *Telefon:* 24 05
- **Infos**
  Stadthaus Vetschau, Schloß, *Telefon:* 21 12
- **Zimmer**
  Haus Traudel, Cottbuser Str. 23a, *Telefon:* 39 61
  Hotel-Pension Märkischheide, Lindenstr. 2, *Telefon:* 31 15
  Hotel Volkshaus, Bahnhofstr. 34
  Pension Schloßpark, Berliner Str. 17 a, *Telefon:* 43 94
  Jugendherberge, Platz der Jugend, *Telefon:* 20 26

03096 Werben (Wjerbnow)
Telefon-Vorwahl: 03 56 03

- **Essen & Trinken**
  Gaststätte Pank, *Telefon:* 484
  Zum Stern, Werben Nr. 1, *Telefon:* 703 62
  Sportlerheim, *Telefon:* 378
- **Zimmer & Infos**
  Privatquartiere über Zimmernachweis im Gemeindeamt Werben, Dorfstr. 51, *Telefon:* Burg 349

03222 Zerkwitz
Telefon-Vorwahl: 035 42

- **Essen & Trinken & Zimmer**
  Pension Schlege, Hauptstr. 4, *Telefon:* 20 39
  mit Fahrradverleih
  Pension Behrendt, Hauptstr. 33, *Telefon:* 424 41
- **Sauna-Baden**
  Björn Noak, Mühlenweg 6, Lübbenau/Zerkwitz,
  Telefon: 39 91

Campingplätze im Spreewald

1 Campingplatz Großleuthener See,
15913 Groß Leuthen, *Telefon:* 03 54 71-303

2 Spreewaldcamping Lübben, Am Burglehen, PF: 218,
15901 Lübben, *Telefon:* 035 46-70 53
(im Winter: 33 35)

Camping am Briesener See, *Telefon:* 035 46-76 76

Camping am Bauernhof, P. Kalz, Max-Peßler-Str. 9,
03222 Lübbenau, *Telefon:* 035 42-831 00

Camping auf dem Bauernhof, R. Hirte, Stennewitz Nr.1
03222 Lübbenau, *Telefon:* 035 42-36 37

4 Schwielochsee-Tourist GmbH, Dorfstr. 1a,
15913 Goyatz, *Telefon:* 03 54 78-512

3 Naturcampingplatz Halbinsel Raatsch, Reinhard Miethling, Hauptstr. 30, 15910 Alt Schadow, *Telefon:* 03 54 73-600

3 Campingplatz Nord, Manfred Schulze, Hauptstr. 31, 15910 Alt Schadow, *Telefon:* 03 54 73-621

5 Campingplatz am Großen Mochowsee, 15912 Lamsfeld, *Telefon:* 03 54 78-525

3 Campingplatz am See, 15910 Neuendorf, *Telefon:* 03 54 78-707

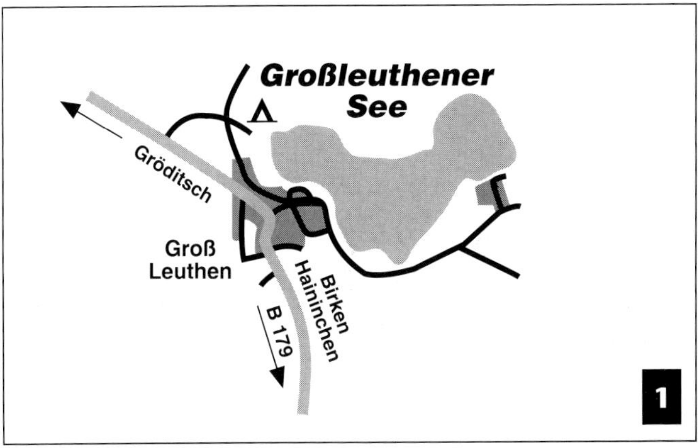

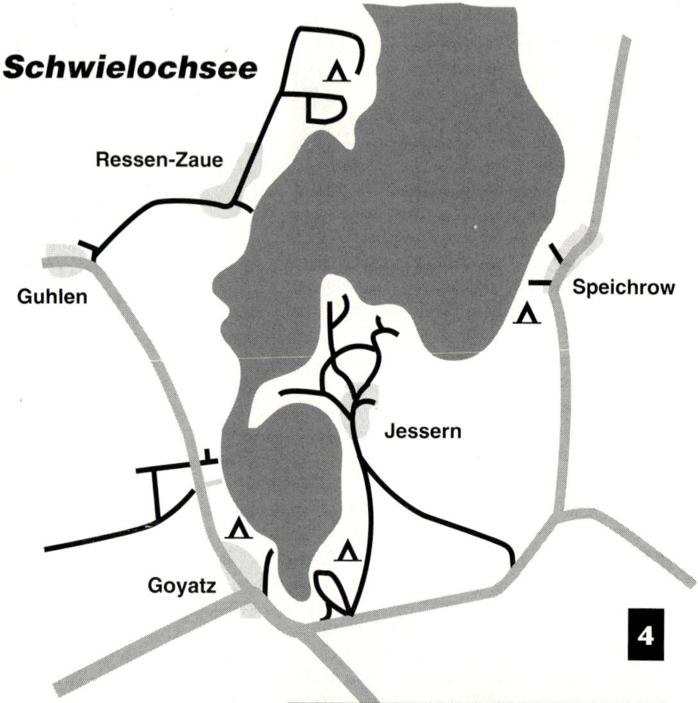
Schwielochsee
Ressen-Zaue
Guhlen
Speichrow
Jessern
Goyatz

4

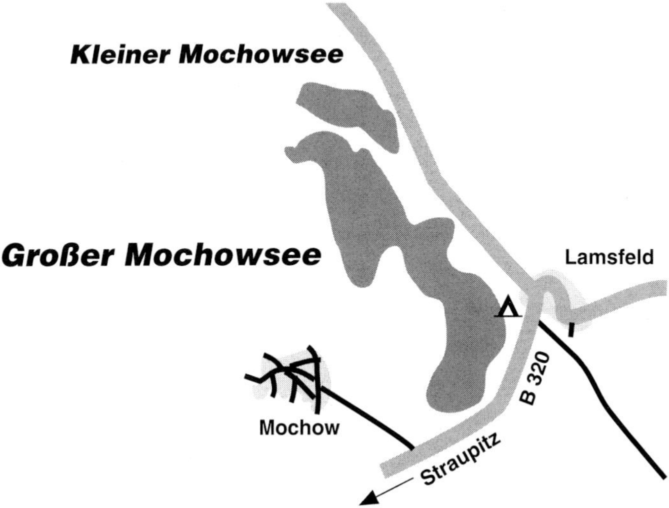
Kleiner Mochowsee
Großer Mochowsee
Lamsfeld
B 320
Mochow
Straupitz

5

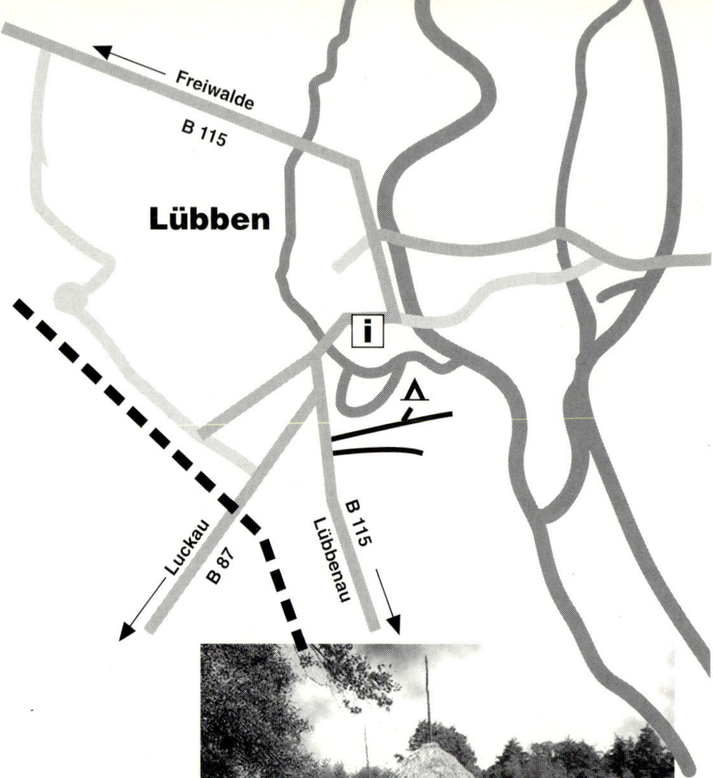

2

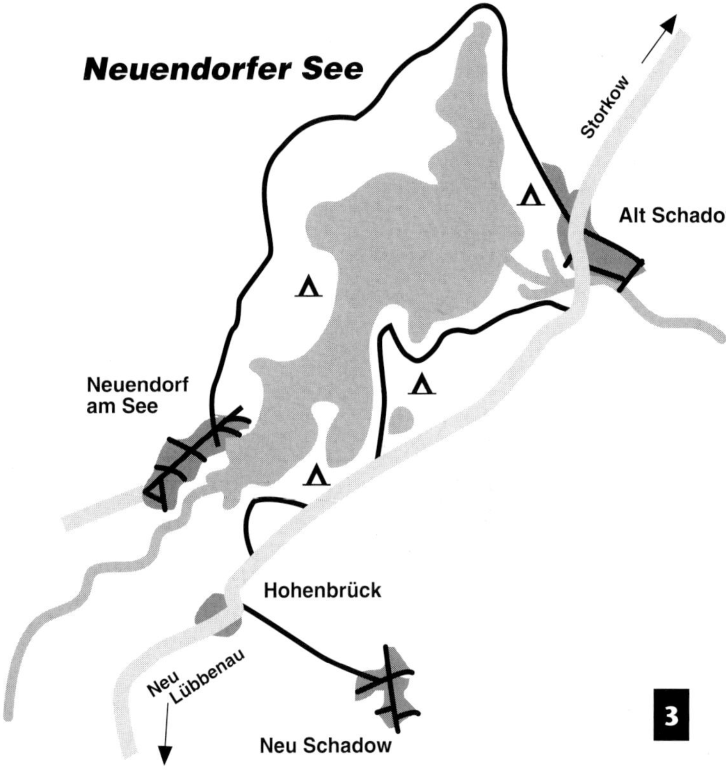
Neuendorfer See
Storkow
Alt Schadow
Neuendorf
am See
Hohenbrück
Neu
Lübbenau
Neu Schadow
3

Tips für Fuß- und Rad-Wanderer

Bei Spreewaldtouren per Fuß oder per Rad findet der Besucher die Wegverläufe nach den internationalen Normen markiert. Das Wegenetz umfaßt eine Gesamtlänge von 537 Kilometern. Die Fließe werden fast überall von Wanderwegen begleitet, so daß der Reisende keineswegs ausschließlich auf das Kahnfahren angewiesen ist.

Darüber hinaus finden sich interessante Lehrpfade, zum Beispiel durch den Schloßpark von Lübbenau (1,7 Kilometer), nach der Wotschofska (von Lübbenau 3,4 Kilometer), nach Lehde (von Lübbenau 4 Kilometer). Alle drei Routen sind mit grünem Diagonalstrich markiert.

Über 13 Kilometer zieht sich der rot gekennzeichnete Wanderweg zwischen Lübbenau und Lübben.

Ein Rundgang beispielsweise durch den Siedlungsspreewald von Burg führt über 7 Kilometer rot markiert bis »Zur Bleiche«, gelb bis zur Hauptspree und auf roter Spur zurück.

Die Fahrradverleih-Preise pendeln um folgende Werte: bei einer Ausleihdauer von bis zu 7 Stunden 1,50 DM pro Stunde, ganztägig 10 DM.

Wanderleiter für Reisegruppen oder auch erfahrene Fremdenführer für Touren durch den Spreewald und seine Umgebung vermittelt bei vorheriger Anmeldung der Fremdenverkehrsverein Lübbenau, *Telefon:* 035 42-36 68

Tips für Paddler und Kanufahrer

Karte und Kompaß werden trotz ausgeschilderter Wasserstraßen dem Ortsunkundigen nicht ausreichen. Das Labyrinth ist tückisch, und die Entfernungen sind schwer zu schätzen. Nicht alle eingetragenen Fließe sind auch wirklich für den Paddler passierbar. So endet man rasch in einer Sackgasse.

Wenn Sie Routen planen, denken Sie etwa nach einem Drittel der Zeit an Rückweg. Die ungewohnte Tätigkeit verbraucht schnell Ihre Kraft. Dem Einsteiger sei empfohlen, sich zuerst Rundkurse auszuwählen. An vier Gesetze hat sich der Wasserwanderer zu halten:

1. Spreewaldkähne haben immer Vorfahrt. Besondere Acht vor Einbiegungen geben!

2. Aussteigen in Naturschutzgebieten und Anlegen an den Kahnfährhäfen ist untersagt.

3. Das Befahren von Wehranlagen ist verboten.

4. Kein Alkohol für Bootsführer.

Touristenstraßen im Spreewald

Autobahn A 13, A 15

Bundesstraßen B 87, B 96, B 97, B 115

Rundfahrten durch den Spreewald mit dem Kleinbus

Ewald Pohle, Berliner Str. 23, 03222 Ragow,
Telefon: 035 42-36 79

Tips für Ausflüge nach Cottbus
Telefon-Vorwahl: 03 55

- **Essen & Trinken (Auswahl)**
  Bürgerhaus, R.-Breitscheidstr. 11, *Telefon:* 221 76
  Café Kilau, Drebkauer Str. 44, *Telefon:* 42 30 48
  Café Altmarkt, Am Altmarkt 10, *Telefon:* 310 36
  Café Lauterbach, Spremberger Str. 4, *Telefon:* 247 58
  Gaststätte Molle, Burgstr. 27, *Telefon:* 228 06
  Gasthaus Pflaumenbaum, Schloßkirchplatz 1, *Telefon:* 256 63
  Pilsstube am Stadttor, Stadtpromenade, *Telefon:* 239 05
  Restaurant Zelig, Friedrich-Ebert-Str. 21, *Telefon:* 79 52 26
  Schiller-pub, Schillerstr. 65, *Telefon:* 796 88
- **Infos**
  Fremdenverkehrsverein und Fremdenverkehrsinformation, Berliner Str. 1a, *Telefon:* 03 55-242 55
  Wendisches Haus, Regionalverband der Domowina, Informationszentrum »Lodka«, August-Bebel-Str. 82, *Telefon:* 03 55-79 11 10, 8.00 bis 16.30 Uhr
- **Museen/Kirchen/Parks** siehe Tour 6
- **Zimmer (Auswahl)**
  Hotel Branitz, Lausitzer Congresszentrum, Heinrich-Zille-Str., *Telefon:* 75 10-0
  Waldhotel Cottbus, Dachhausener Str. 70, *Tel.:* 87 64-0
  Hotel Giro, 03046 Cottbus, Rudolf-Breitscheid-Str. 10, *Telefon:* 31071
  Residenz Lausitz, Potsdamer Str. 1–7, *Telefon:* 30151

Orts- und Namensregister

Zur Autorin

Petra Elsner, Jahrgang 53, lebt und arbeitet als freie Publizistin in Berlin. Ist Mitglied des VS Berlin.

Erstveröffentlichung: Roman »Glatze & Palituch« 1993, bei Delfini Athen, in griechischer Sprache.

1994 Mitautorin des Brandenburgischen Künstlerbuches »Arbeitslos bin ich nie«, bei KIRO in Schwedt erschienen.

Fotonachweis

Große (93, 142) / Schütt (83) / Dressler (33) / Michaelis (162) / Weisflog (29)
Alle übrigen Fotos: Reinhardt / Stefan und Archiv Hess